Baby Led Weaning

Endlich selbstständig essen

Sandra Stu

1. Auflage

Inhaltsverzeichnis

Das alles kannst du von diesem Buch erwarten

- Eine Alternative zur Breikost
- Was ist Baby-led-weaning - kurz BLW
- Muttermilch und Stillen
- Dein Säugling bekommt Lust auf mehr
- Erkennen der Reifezeichen
- Grundregeln für den Familientisch
- Nahrungsmittel, die du vermeiden solltest
- Rezeptideen fürs Frühstück
- Rezeptideen für Mittag- und/oder Abendessen
- Rezeptideen für zwischendurch - kleine Snacks

Wer bin ich?

Sandra Stu, 1980 in Wien geboren, ist zweifache Mutter. Nach der Matura und einem nebenberuflichen Studium im Bereich Eventmanagement ist sie als Teamleiterin für verschiedene Projekte tätig. In Ihrer spärlichen Freizeit sitzt Sie hauptsächlich an der Nähmaschine und schreibt kostenlose Nähanleitungen. Die Liebe zum Nähen hat sie schon mit etwa 13 Jahren entdeckt.

Einleitung

Zu Beginn meiner ersten Schwangerschaft hatte ich natürlich ein vorgefertigtes Bild zur Ernährung meines Babies im Kopf. Sieht man doch ständig in der Werbung zufriedene Säuglinge am Fläschchen nuckelnd in Mamas oder Papas Armen liegen oder mit Brei in allen Farben um sich werfende, lachende Krawallstöpsel.

Nach und nach habe ich mich in die verschiedenen Themen, die da auf mich zugekommen sind, reingelesen und weißt du was? Plötzlich wollte ich das alles gar nicht so machen. Ich habe viel über unsere Vorfahren gelesen und bin an alle Bereiche kritisch herangegangen. Im Bereich Ernährung ist dabei für mich Baby led weaning, kurz BLW, als für uns passend herausgekommen. Was genau Baby led weaning ist, erfährst du nun in diesem Buch!

Ich betrachte Ernährung ganzheitlich und von Anfang an, daher ist in diesem Buch außerdem das Stillen näher beschrieben. Wenn dein Kind nicht gestillt wird - aus welchem Grund auch immer - kannst du natürlich trotzdem genauso mit BLW arbeiten.

Vorwort

Es gibt bereits unzählige Bücher zum Thema Beikost, die meisten davon sind jedoch gezielt auf BreiBeikost ausgerichtet. Darum möchte ich dir mit diesem Buch eine unkomplizierte Alternative zeigen. Diese Methode, die ich dir vorstellen möchte, nennt sich Baby led weaning, kurz BLW. Dabei dreht es sich jedoch nicht - wie oft fälschlich angenommen - einfach nur um Fingerfood, sondern um eine ganzheitliche Ernährung, die Brei nicht ausschließt. Kurz gesagt geht es darum, dass nur das im Babymund landet, was das Baby selbst hineinbefördern kann und will.

Eine der häufigsten Fragen zum Thema Baby led weaning ist die nach Öl, darum möchte ich sie gleich vorwegnehmen. Vielleicht weißt du es, vielleicht auch noch nicht: Es wird empfohlen, den Babies, die mit Brei und Mus gefüttert werden, zusätzlich Öl ins Essen zu geben, da die Breie (vor allem Obst- und Gemüsebreie) natürlich bei weitem nicht so kalorienhaltig sind wie die Muttermilch. Dabei wird in erster Linie darauf abgezielt, das Baby schnellstmöglich abzustillen.

Da dein Kind beim Baby led weaning aber von allen Lebensmitteln mit den restlichen Familienmitgliedern ganz normal mitessen kann, stellt sich hier die Frage zumeist gar nicht. Falls du doch noch etwas Fett hinzufügen möchtest, kann ich dir die Avocado als gesunden Fettlieferanten wärmstens empfehlen. Dazu habe ich dir auch am Ende dieses Buches zwei Rezepte in die Sammlung gegeben. Auch Butter kann alternativ angeboten werden.

Im Gegensatz zur Breikost, wird beim Baby led weaning kein Druck gemacht, möglichst schnell eigenständig zu essen. Dein Kind trinkt weiterhin seine Milch (Muttermilch oder Pre) und so ist auf jeden Fall sichergestellt, dass genug Fette in den kleinen Körper gelangen.

Auch hier gibt es einige Regeln, an die man sich zugunsten der Gesundheit des Babies unbedingt halten sollte. Es gibt aber auch ein paar Richtlinien, die du an die persönlichen Bedürfnisse deiner Familie anpassen kannst.

Was ist Baby-led-weaning - kurz BLW

Im Grunde genommen ist das ganz leicht erklärt:

Dein Baby bekommt die Chance, sich selbstbestimmt an die Beikost zu gewöhnen und sich in weiterer Folge ebenso selbstbestimmt von der Brust zu entwöhnen (beziehungsweise vom Fläschchen). Soweit zur Grundtheorie. Ich bin ja kein Freund von Extremen und sehe es mit mehreren Abstufungen, dazu aber später mehr.

Baby led weaning kann sowohl für gestillte Säuglinge als auch für Fläschchen-Babies umgesetzt werden. Da es eine allgemein anerkannte Tatsache ist, dass Muttermilch das Beste für dein Baby ist, möchte ich hier einen kleinen Exkurs ins Thema Stillen starten. Wenn du dein Kind mit dem Fläschchen fütterst, sieh das bitte nicht als Abwertung! Du hast bestimmt deine Gründe. Wenn dich die Thematik interessiert, dann lies gerne weiter, ansonsten überspringe einfach das nächste Kapitel.

Für mich hat sich beim Einlesen einfach alles so richtig angehört. Ich habe versucht, mich in die Lage meines Kindes hineinzuversetzen. Wie ist das eigentlich, wenn alles neu ist? Wie finde ich meine Vorlieben heraus und wie kann ich die einzelnen Mahlzeiten unterscheiden? Nun aber mal zum Anfang, dem Stillen vor der Beikosteinführung:

Muttermilch und Stillen

Muttermilch ist das Beste für dein Baby! Das ist unbestreitbar und sogar die Gläschenhersteller sind verpflichtet, dass bei Werbeschaltungen dazuzusagen. Die Natur hat es so eingerichtet, dass deine Muttermilch perfekt auf die Bedürfnisse deines Säuglings abgestimmt ist - jederzeit! Ich bin jedes Mal erneut erstaunt, wie hartnäckig falsche Theorien immer wieder zur Sprache gebracht werden. Es würde mich mal interessieren, wie diese überhaupt entstanden sind. Leider werden sie innerhalb vieler Familien auch heute noch an die nächste Generation weitergegeben, natürlich im Glauben, seinem Kind damit Gutes zu tun. Dabei wurden all diese Mythen bereits mehrfach nachweislich widerlegt. Vor allem solche Aussagen wie: "Das Kind braucht doch richtige Milch!" oder "Es trinkt so oft, weil es Hunger hat. Deine Milch ist nicht nahrhaft genug." und viele mehr.

Da werde ich doch gleich stutzig! Warum sollte meine Muttermilch für mein Baby nicht die "Richtige" sein, sondern eher die Muttermilch eines anderen Säugetieres wie einer Kuh? Noch dazu so denaturiert und verarbeitet, dass vom Ursprungsprodukt ohnehin fast nichts mehr übrig ist. Vor allem, wo sich Menschenbabies und Kälber in so vielen Punkten unterscheiden. Kuhmilch ist mehr darauf ausgelegt, dass der Körper schnell wächst. Ein Kalb kann ja auch bereits kurz nach der Geburt selbst stehen und laufen. Die menschliche Muttermilch hingegen zielt neben einem gemäßigteren Körperwachstum vor allem auf die Gehirnentwicklung ab. Menschenbabies sind nach der Geburt total hilflos. Erst nach und nach entwickeln sie verschiedene Fähigkeiten und natürlich auch die benötigten Muskeln, um auf zwei Beinen aufrecht zu gehen.

Ich möchte hier auf keinen Fall über Pulvermilch schimpfen! Ich bin sehr froh, dass es Alternativen zur Muttermilch gibt, denn es gibt tatsächlich auch einen sehr geringen Prozentsatz an Frauen, die wirklich nicht stillen können. Und in unserer heutigen, aufgeklärten Gesellschaft sollte es auch jeder Frau selbst überlassen bleiben, ob und wie lange sie stillen möchte, ohne sich dafür rechtfertigen zu müssen. Mich stört nur, dass so viele aufgrund von Fehlinformationen entweder gleich gar nicht damit beginnen oder viel zu früh wieder aufgeben.

Zur Pulvermilch möchte ich noch anmerken, dass nur PRE tatsächlich nötig ist. Jegliche Folgemilch ist lediglich mit mehr Stärke angereichert. Das macht zwar pappsatt, bringt dem Baby jedoch keinerlei zusätzliche Nährwerte. Nach einem schweren Essen am Abend schlafe ich zwar auch tief und fest, aber das kann ich eher als Fresskoma bezeichnen, denn in der Früh bin ich weniger erholt und habe ein flaues Gefühl in meinem Magen. Das kennst du bestimmt auch. Im Schlaf drosselt unser Körper viele Funktionen, so auch die Tätigkeit des Verdauungstraktes. Die Nahrung durchläuft ihn langsamer und es entstehen dabei sogar Fäulnisbakterien. Das möchte ich für mein Baby nicht.

Wie Welt-Gesundheits-Organisation - die WHO (World Health Organisation) - empfiehlt folgen-des

Während des gesamten ersten Lebensjahres soll Muttermilch die Hauptnahrung sein. Die ersten sechs Monate davon soll sogar ausschließlich gestillt werden, denn erst etwa zu diesem Zeitpunkt ist der Darm deines Babies gut genug ausgereift, um auch andere Lebensmittel verdauen zu können. Darüber hinaus, so die weitere Empfehlung, soll bis zum zweiten

Geburtstag weiter gestillt werden oder sogar darüber hinaus, sofern das für Mama und Baby in Ordnung ist.

Wieso gibt es dann Gläschen ab dem 4. Monat? Auch das ist leicht erklärt:

Leider wurde die Empfehlung der WHO oft verfälscht weitergegeben. Es wurde oft davon ausgegangen, dass nach sechs Monaten bereits abgestillt werden soll. Beikost sollte jedoch zur Allergieprävention immer im Schutz der Muttermilch eingeführt werden, darum heißt sie ja BEIkost und nicht ANSTATTkost. Daher wurde die weiterführende Empfehlung aufgestellt, dass man bereits nach Vollendung des vierten Monats mit der Beikost beginnen soll. Auch hier gibt es wieder ein großes Missverständnis: Die Vollendung des vierten Monats ist gleichbedeutend mit AB DEM 5. MONAT!

Natürlich wollen die Gläschenproduzenten auch möglichst viel verdienen, daher wird jede Chance genutzt das Produkt an die Mama oder den Papa zu bringen. Zudem sind die wenigsten Kinderärzte im Bereich Säuglingsernährung geschult und geben leider manchmal das weiter, was sie von ihren eigenen Eltern mitbekommen haben oder auf Gratisseminaren eingetrichtert bekommen. Komischerweise sind Babynahrungskonzerne an der Finanzierung solcher Veranstaltungen immer besonders interessiert. Mittlerweile gibt es aber die Auflage, dass Sie dazu sagen müssen, dass Muttermilch immer das Beste für dein Kind ist. Hör mal genau hin bei der nächsten TV-Werbung!

Wenn du dein Baby voll stillst, also ausschließlich, ohne sonstige Lebensmittel oder Getränke oder Fläschchen, benötigt es auch im heißesten Sommer nichts anderes, auch kein Wasser oder Tee. Es wird öfter an die Brust wollen und das Wunderwerk weislicher Körper gibt ihm genau, was es braucht! Ich bin auch kein großer Freund davon, mein Baby ständig einzumummeln. Wenn es schön warm oder heiß ist, setze ich mich mit meinem Kind in den Schatten und sorge dafür, dass es möglichst wenig anhat und sich möglichst frei bewegen kann. Dein Baby kann sogar überhitzen, wenn es zu dick eingepackt ist. Natürlich sind alle Kinder verschieden, aber wir Eltern haben schon ein gutes Gespür dafür. Wenn du unsicher bist, fühle im Nacken deines Babies die Temperatur, dann weißt du sofort, ob ihm heiß oder kalt ist oder ob alles in Ordnung ist. Ich bin eine

Langzeit-Stillmama, das heißt: Ich stille meine Kinder so lange, bis sie sich von selbst abstillen. Ich habe es bis jetzt noch nie bereut! Wir hatten schon einige Magen-Darm-Infekte und es kam alles retour. Außer meiner Muttermilch! So habe ich meinen Kindern bestimmt schon einige Infusionen erspart. Den Großen stille ich meistens nur noch am Abend zum Einschlafen und das auch vorwiegend, wenn er krank ist. Sonst kommt er auch ein paar Tage gut ohne Muttermilch aus. Was mich total fasziniert hat: Eine Zeit lang habe ich experimentiert. Unter anderem habe ich über drei Tage hinweg jedes Kind immer an derselben Brust trinken lassen, also den Großen rechts und die Kleine links. Dann habe ich jeweils ein bisschen Milch abgepumpt und gesehen, dass die beiden Flüssigkeiten total unterschiedlich waren. Da ist mir erst so richtig bewusst geworden, was für ein Wunderwerk die weibliche Brust ist. Sie passt sich an alle Gegebenheiten in kürzester Zeit perfekt an und mischt sogar die Muttermilch auf jeder Seite ans Kind angepasst ab!

Aber zurück zum Thema! Gemäß dem Leitsatz: "Food under one is just for fun!" ist mein persönlicher Weg also das Vollstillen in den ersten sechs Monaten, mit

darauffolgender Beikost-Einführung mittels BLW. Diese ersten sechs Monate sind für mich ein Richtwert in diesem Sinne:
Wenn mein Baby schon vorher alle Beikostreifezeichen erfüllt, beginne ich früher damit (aber keinesfalls vor dem vollendeten vierten Monat), wenn nicht, starte ich etwas später. Nicht jedes Kind ist gleich und der Körper sagt nicht nach exakt sechs Monaten: "So, jetzt bin ich genau ein halbes Jahr alt, jetzt kann ich auch mal was anderes verdauen als Beikost." Dazu muss ich auch sagen, dass ich es tatsächlich aus eigener Erfahrung weiß: Mein Großer war schon immer ein eher "schlechter Esser", meine Kleine hingegen isst alles, was sie in die Finger bekommt, und davon nicht zu knapp. Ich bin mir ganz sicher, dass mein Sohn sein Pensum spätestens in der Pubertät nachholen wird. Beide entwickeln sich toll und sind sehr aktiv.

Was sind denn Beikostreifezeichen?

Beim BLW gibt man nicht - wie oft fälschlich angenommen wird - einfach Fingerfood statt Brei. Ganz im Gegenteil: Auch breiartige Gerichte können Bestandteil des BLW-Speiseplans sein. Es geht schlicht und ergreifend darum, dass die Kinder all das essen können, was sie selbst in Ihren Mund befördern. Ob sie das mit den Fingern oder mit einem Löffel oder einem anderen Gegenstand tun, fällt dabei nicht ins Gewicht. Wichtig ist viel mehr, ihnen die Chance zu geben, ihr Essen zu begreifen.

Dazu habe ich auch mal eine schöne Geschichte gelesen, ich weiß aber leider nicht mehr wo. Sinngemäß ging es darum:

Stell dir vor, du bist irgendwo auf einem fernen, fremden Planeten. Jeden Tag zu den Mahlzeiten bekommst du eine Schüssel mit Brei vorgesetzt. Die Konsistenz ist immer sehr ähnlich, Farbe und Geschmack variieren leicht. Du hast keine Ahnung, welche Zutaten verarbeitet wurden oder wieviele Zutaten überhaupt darin sind. Du weißt nicht, ob Sie von einer Pflanze oder von einem Tier stammen, ob sie eine Schale haben, welche Farbe sie haben oder wie sie sich anfühlen und riechen, ob sie hart oder weich sind. Ist der Brei roh (und eventuell nur angewärmt) oder wurde er in mühevoller Kleinarbeit mit vielen aufwendigen Arbeitsschritten zubereitet und gekocht? Siehst du, worauf ich hinaus möchte?
Die Beikostreifezeichen zeigen dir an, ab wann dein

Baby fit für Beikost ist. Wenn gewisse Fähigkeiten sichtbar werden, kannst du davon ausgehen, dass auch andere Körperbereiche deines Babies weit genug entwickelt sind, um feste Nahrung aufzunehmen. Ich stelle dir nun die wichtigsten Punkte vor und erst, wenn dein Baby ALLE erfüllt, ist es auch bereit für Beikost. Bis dahin und weit darüber hinaus ist deine Muttermilch auf jeden Fall genug und auch gut genug!

Grundregeln für den Familientisch

1. Sitzen

Damit ist weder freies Sitzen noch solches Sitzen gemeint, bei dem man das Baby von allen Seiten mit Kissen abstützt. Es liegt dazwischen. Es soll (mit eventuell leichter anfänglicher Unterstützung im unteren Rücken) aufrecht sitzen können.

Abgesehen von der körperlichen Reife ist aufrechtes Sitzen bei der Nahrungsaufnahme sehr wichtig. Auch Erwachsene können sich noch leicht verschlucken, Kinder umso mehr. Darum sollte beim Essen nicht herumgelaufen und auch nicht auf dem Rücken gelegen werden. Meistens geht es zum Glück glimpflich aus, aber dein Baby könnte dabei auch Ersticken, wenn es einen Bissen in den "falschen Hals" bekommt. Wenn es aufrecht sitzt ist dieses Risiko aber sehr gering.

Auch wenn dein Baby anfangs oft hustet und würgt, ist das zumeist kein Grund zur Besorgnis. Es muss lernen, wie es mit der ungewohnten Nahrung im Mund umgehen soll. Das trifft auch auf breiige Nahrung zu! Außerdem liegt der Würgereflex bei so kleinen Menschen viel weiter vorne im Mund. Ein toller biologischer Mechanismus, der nahezu gefahrloses Essenlernen ermöglicht. Viel gefährlicher ist es, wenn die Kinder erst später feste Nahrung erhalten und dann zu würgen beginnen.

2. Kopfhaltung

Dein Baby muss in der Lage sein, seinen Kopf alleine gerade zu halten. Und damit meine ich nicht, dass es kurz die Mitte findet und sein Köpfchen nach wenigen Sekunden wieder zur Seite wegbricht. Es muss schon dauerhaft sein.

3. Pinzettengriff

Wikipedia sagt dazu:

"Pinzettengriff ist das Greifen von Gegenständen mit den Fingerbeeren (und nicht den Fingerspitzen) von Daumen und Zeigefinger. Durch Zusammendrücken dieser beider Finger in der Art einer Pinzette können auch kleine Gegenstände festgehalten werden."

Quelle: https://de.wikipedia.org/wiki/Pinzettengriff

Durch die Fähigkeit, den Pinzettengriff zu nutzen, kann sich dein Baby selbst Nahrung zuführen und genau darum geht es ja in erster Linie bei BLW. Ich sehe es nicht ganz so eng. Wenn mein Baby mir zeigt, dass es gefüttert werden möchte, helfe ich gerne. So ein bisschen bemuttert zu werden ist doch ab und an ganz schön, das gefällt auch den größeren gelegentlich noch.

4. Ausspucken

Die Nahrung wird von deinem Baby nicht sofort wieder mit der Zunge aus dem Mund geschoben. Dies ist der angeborene Zungenstoßreflex. Dieser dient zum Schutz des Babies und verschwindet nach einigen Wochen von selbst. Damit hat die Natur dafür gesorgt, dass keine festen Gegenstände in den Mund des kleinen Menschleins gelangen können.

5. Nachahmen

Wenn dein Baby dich beim Essen beobachtet, ist das nichts Ungewöhnliches. Schließlich ist ja alles neu und aufregend! Sogar das Gefühle eines Löffels im Mund. Es kann auch sein, dass dein Kind deine Kaubewegungen nachahmt. Das alles zeigt war Interesse am Gesamtprozess, dem Vorgang des Essens, aber noch nicht zwingend auch tatsächliches Interesse an der Nahrung. Du wirst es merken, wenn dein Baby fordernder wird und spätestens dann, wenn es dir einen Bissen aus der Hand klaut.

Wer zu früh füttert, riskiert im schlimmsten Fall eine dauerhafte Schädigung des Verdauungstrakts. Sogar Morbus-Chron wird als Spätfolge zu früher Beikostgabe verdächtigt.

Wenn du dich also an diese fünf Punkte hältst bist du schon auf dem besten Weg, deinem Säugling genug Zeit zu geben, in die Beikost hineinzuwachsen, oder - passend ausgedrückt - hinein zu reifen. Das einzige Hindernis für die meisten Eltern ist dann noch:

Die Angst vor dem Verschlucken

Dabei ist diese in den meisten Fällen unbegründet. Je jünger das Baby ist, umso weiter vorne im Mund wird der Würgereflex ausgelöst. Es hört sich zwar manchmal schlimm an und ist nicht einfach anzusehen, aber im Normalfall kommt alles raus, was zu groß zu weit nach hinten rutscht. Solange das Kind hustet, kommt auch noch Luft rein und raus! Erst, wenn das nicht mehr möglich ist, wird es gefährlich. In dem Fall ist Erste Hilfe angesagt. Dafür besuchst du am besten auch gleich einen Kurs, denn nicht nur beim Essen besteht für Babies und Kleinkinder Erstickungsgefahr und es muss auch nicht dein eigenes Kind betroffen sein. So ein Kurs speziell für unsere kleinsten Mitmenschen ist immer Gold wert und ich bin der Meinung, dass zumindest jeder Elternteil ihn besuchen sollte.

Kurz gesagt sieht die erste Hilfe wie folgt aus: Sie legen das Kind an der Taille übers Knie mit dem Kopf schräg nach unten geneigt. Oft hilft das schon und der Fremdkörper rutscht heraus. Höre dazu auf Atemgeräusche. Wenn das nicht hilft, klopft man zusätzlich dreimal hintereinander fest, aber mit Gefühl zwischen die Schulterblätter, wenn auch das nicht hilft, nimmt man das Kind an den Fußknöcheln und hält es kopfüber, sodass es erbricht. KEINESFALLS SCHÜTTELN! Der Fremdkörper kommt dadurch nicht schneller oder einfacher heraus. Und das Kind könnte dadurch zusätzlichen Schaden nehmen.

Aber zurück zum Essen: Je später das Kind feste Nahrung bekommt, umso weiter hinten im Mundraum ist also der Würgereflex aktiv. Dadurch wird es mit zunehmendem Alter sogar eher gefährlicher. Auch Erwachsene können sich beim Essen verschlucken und ersticken. Darum ist eine meiner (wenigen) Regeln: Beim Essen wird gesessen. Auch beim

Naschen.

Es wird nicht herumgerannt und nicht am Rücken gelegen.

ZWINGE DEIN KIND NIE ZUM ESSEN!

Dadurch entwickelt es nur ein gestörtes Verhältnis zur Ernährung und kann damit später Gewichtsprobleme bekommen, und zwar in beide Richtungen: zu viel oder zu wenig essen.

Wenn man sich die deutsche Sprache ansieht, ist ja vieles sehr bezeichnend. Zum Beispiel die Namen für Babies: Im ersten Monat ist es ein Neugeborenes und dann für das gesamte erste Lebensjahr ein Säugling. Und auch die Milchzähne haben ihren Namen nicht unüberlegt erhalten. Biologisch sind wir laut aktuellstem Forschungsstand so angelegt, dass unser natürliches Abstillalter bei fünf bis sieben Jahren liegt. Durch den Nahrungsüberfluss ist das natürlich heutzutage in den meisten Kulturen zum Glück nicht nötig, in vielen anderen zumindest nicht üblich.

Fünf bis sieben Jahre hört sich erstmal sehr lang und unnatürlich an, aber biologisch gesehen ist es normal und wir sind es einfach nicht mehr gewohnt, so große

Kinder noch stillen zu sehen. Das ist nicht zuletzt den hartnäckigen Theorien zuzuschreiben, die sich fälschlicherweise in den Köpfen unserer Eltern- und Großelterngeneration festgesetzt haben und sich bis heute halten, obwohl sie schon mehrmals nachweislich widerlegt wurden.

Ganz ehrlich konnte ich es mir anfangs auch nicht vorstellen. Ich wollte unbedingt stillen, habe sogar in der Schwangerschaft ein eigenes Stillseminar besucht, aber so lange stillen? Nein, sobald das Kind in den Kindergarten kommt (das ist mit uns mit 2,5 Jahren), ist damit bestimmt Schluss! Also habe ich erst mal ein halbes Jahr gestillt, gemütlich mit der Beikost begonnen und laut Empfehlung bis zum ersten Geburtstag gestillt, dann bis zum zweiten und ich wurde wieder schwanger. Mein Großer wurde anhänglicher und frage oft nach seiner "Mumi" (unser Kosewort für MutterMIlch), er wollte sie aber hauptsächlich zum Einschlafen oder wenn er krank war, also hab ich ihn weitergestillt und als er in den Kindergarten kam, habe ich mein zweites Kind zur Welt gebracht und Tandem gestillt, also beide zugleich.

Sogar in der Zeit, in der ich Vollzeit arbeiten gehen

musste zwischen der Kinderzeit und der nächsten Geburt, konnte mein Großer gut ohne seine "Mumi" auskommen, aber am Abend gab es dann für ihn nichts Schöneres.

Wenn das für dich nicht in Frage kommt, ist das natürlich auch vollkommen in Ordnung. Ich möchte nur sagen, dass man in manches einfach hineinwächst und es auch schön finden kann, seinen Kindern so nah zu sein. Lass es einfach auf dich zukommen und lehne es nicht gleich kategorisch ab.

Was ich mir auch oft gedacht habe rund um den Beikkoststart: Mein Baby wird den Rest seines Lebens noch Zeit haben, feste Nahrung zu Essen. Was sind dagegen ein paar wenige Monate, in denen ich ihm den bestmöglichen Start ins Leben gebe?

Du möchtest mehr zum Thema Stillen erfahren? Dann empfehle ich dir eine Stillberaterin mit IB-CLC-Zertifikat und die La-Leche-Liga. Letztere hat im Vorjahr die Neuauflage des beliebten Stillbuches "Das Handbuch für die stillende Mutter" auf den Markt gebracht. Darin findest du die wichtigsten Informationen zusammengefasst.

Eine kurze Info noch zum Thema Stillen und Ernährung aus Sicht der Mama:
Bitte mach keine Diät, während du stillst. Gerade im ersten Jahr nach der Geburt erholt sich dein Körper von der Schwangerschaft und bildet alles zurück. Außerdem baut dein Körper durch eine Diät nicht nur Fett ab, sondern auch darin eingelagerte "Abfälle" und diese verlassen deinen Körper dann unter anderem auch durch die Muttermilch. Dein Körper hat nun neun Monate lang daran gearbeitet einen neuen, perfekten Menschen zu schaffen, da hat er sich etwas Erholung und Geduld verdient!

Falls dir das Stillen zu viel wird und du abstillen möchtest:
Schön, dass du gestillt hast! Der Grundstein ist gelegt. Es ist immer besser nur wenig und kurz zu stillen als gar nicht! Zum Abstillen sind verschiedene Heilkräuter wie Pfefferminze und Salbei besonders geeignet, da sie die Milchproduktion verringern können. Zu Beginn wirst du vielleicht auch noch öfter "ausstreichen" müssen. Abstilltabletten helfen beim späteren abstillen nicht mehr. Sie sind für die Zeit vor dem Milcheinschuss gedacht, um diesen zu unterdrücken.

Wie streng sind die Regeln beim BLW?

Hält man sich streng an das BLW-Konzept, soll man die Kinder auch nicht füttern. Ich bin aber der Meinung, dass man das nicht so eng sehen darf. Wenn mein Kind mir eindeutig zu verstehen gibt, dass es gefüttert werden möchte, mach ich da schon mit. Ich höre aber auch sofort wieder damit auf, wenn mir mein Baby zeigt, dass es das nicht mehr möchte. Auch mein Großer möchte mit seinen bald vier Jahren noch ab und an gefüttert werden. Manchmal ist es halt doch noch schön, ein bisschen bemuttert zu werden. Ursprünglich stammt dieses "nicht helfen" von Maria Montessori:

Zitat: "Hilf mir, es selbst zu tun. Zeige mir, wie es geht. Tu es nicht für mich. Ich kann und will es allein tun. Hab Geduld meine Wege zu begreifen. Sie sind vielleicht länger, vielleicht brauche ich mehr Zeit, weil ich mehrere Versuche machen will. Mute mir Fehler und Anstrengung zu, denn daraus kann ich lernen." (Maria Montessori)

Wobei sie sagt, dass man manche Tätigkeiten beim ersten Mal vorzeigen soll. Und überleg mal, wie es bei dir selbst ist. Du lernst schneller, wenn du etwas siehst, als wenn es dir nur erzählt wird. Und du merkst es dir besser, wenn du es selbst machst, weil du es so auch verstehen kannst. Mir geht zum Beispiel bei Liedern auch so. Wenn ich einmal den Text kenne, merke ich ihn mir ganz leicht, denn es wird fast immer eine durchgehende Geschichte erzählt - nur durch den Refrain unterbrochen. Da fällt es mir dann auch ganz leicht, alle Strophen in der richtigen Reihenfolge im Kopf zu behalten.

Kinder verfügen noch über ihr natürliches Körpergefühl und können sehr gut einschätzen, ob sie noch hungrig sind oder nicht. Auch wenn es oft den Anschein hat, dass dem nicht so ist. Und nur aufessen, weil gerade eine zufällig gewählte Menge auf dem Teller liegt? Muss bei uns nicht sein!

Genauso wenig zwinge ich meine Kinder dazu, etwas zu Essen, das ihnen nicht schmeckt. Ich halte sie allerdings dazu an, an für sie ungewohnten Speisen zu riechen und sie dann zu kosten. Schmeckt es nicht, finden wir eine Alternative.

Andere BLW-Regeln sind hingegen äußerst sinnvoll und auch wichtig für die Gesundheit deines Babies, wie diese Liste mit Lebensmitteln, die man im ersten Lebensjahr eher nicht geben solle.

Nahrungsmittel, die du vermeiden solltest

Welche Lebensmittel sollen im ersten Lebensjahr NICHT gegeben werden?

1. Nüsse

An größeren Nussstücken oder ganzen Nüssen kann dein Baby ersticken. Bei Nüssen besteht aufgrund ihrer Form und des Gewichts auch bei kleineren Stücken Aspirationsgefahr. Werden diese kleineren Nussstückchen eingeatmet, können sie sich in der Lunge festsetzen und dadurch zu Entzündungen führen, daher müssen sie operativ entfernt werden. Das kommt zwar nicht oft vor, aber ich sehe es als leicht vermeidbares Risiko. Im Kuchen oder anders verarbeitet sind Nüsse natürlich kein Problem.

2. Salz

Zu viel Salz ist nicht nur für uns Erwachsene ungesund, gerade Säuglinge mit noch nicht ausgereiftem Verdauungssystem und erhöhter Austrocknungsgefahr sollten nicht zu viel davon Essen. Wenn dein Baby zu viel Salz abbekommt, kann es die Nieren schädigen. Aber du brauchst dir keine Sorgen um die Geschmacksnerven deines Babies zu machen. Es weiß ja noch nicht, wie unsere Nahrung mit Salz schmecken würde und wird daher auch ohne Salz Gefallen daran finden!

3. Zucker

Auch hier sind die Gründe zur Genüge bekannt. Es ist schon fast überall Zucker drin, sogar in der Wurst. Lass ihn weg, so gut es geht!

4. Honig

In Honig kann sich, da er ein Naturprodukt ist, ein Bakterium verstecken, das für Babies tödlich ist: Clostridium botulinum. Sobald das Verdauungssystem ausgereift ist, wird es von der Magensäure unschädlich gemacht. Bis dahin muss der Honig vor der Verwendung auf über 60°C erhitzt werden, um es zu zerstören.

"Zu einer Infektion mit lebenden Bakterien kommt es selten. Säuglinge im ersten Lebensjahr haben jedoch eine schwache Körperabwehr und noch keine stabile Darmflora. In ihrem Verdauungstrakt können sich die Bakterien vermehren und dabei immer mehr Toxin produzieren. Bestimmte Lebensmittel wie zum Beispiel Honig, der Clostridium botulinum enthält, können den sogenannten Säuglings-Botulismus auslösen. Daher wird dringend empfohlen, Säuglinge unter einem Jahr nicht mit Honig oder Honiggesüßtem Tee zu füttern. Viele Honighersteller weisen auf ihren Produkten auf diesen Punkt hin."

Quelle: https://www.apotheken-umschau.de/Botulismus

Ein weniger schöner Nebeneffekt, der mit dem Selbst-Essen kommt: ein unglaublicher Saustall rund um den Essbereich des Kindes. Ich konnte mir davor nicht im Entferntesten vorstellen, was für eine Reichweite so ein Kleinkind beim Essen hat! Aber verständlich ist es schon, schließlich muss die Flugfähigkeit eines jeden Lebensmittels getestet werden. Wenn du glaubst, das wäre nicht so schlimm, weil das Kind ja nicht hauptsächlich Brei bekommt, sondern "feste" Nahrungsmittel, dann irrst du gewaltig! Alles wird vorab genauestens unter die Lupe genommen: zermatscht, zeschnippelt, abgesabbert und dann landet es in hohem Bogen auf dem Fuß-boden. Mehrmals. Schließlich muss ja auch noch herausgefunden werden, ob der bissen jedes Mal im gleichen Bogen fliegt und an derselben Stelle landet.

Auch zu diesem Thema findet man im persönlichen Umfeld und in den Onlineforen viele Meinungen und Tipps. Unter anderem, dass man eine Plastikplane unter dem Kindersitz auslegen soll, damit nicht alles schmutzig wird. Davon bin ich ja aus Umweltschutzgründen nicht so begeistert. Aber das Matsch-Essen klebt einfach wirklich fürchterlich am Boden fest und jeder der ein Kleinkind hat, kann bestätigen, dass es durch sofortiges Wischen nur noch schöner auf dem Boden verteilt wird. Mein erprobter Rat dazu lautet also: Gerade so Matsch-Essen wie Nudeln, Linsen und Co.

Lässt du am Besten zwei bis drei Stunden antrocknen, dann kannst du es gemütlich mit dem Staubsauger entfernen und kurz nachwischen - fertig.

Wie entkomme ich dem Karies?

Entgegen der weit verbreiteten Meinung ist Karies nicht angeboren! Erst nach der Geburt können sie sich anstecken, sobald sie mit Kariesbakterien in Berührung kommen, und zwar zu 99,9% durch Fremdspeichel im Mund. Zumeist stecken Sie sich bei den eigenen Familienmitgliedern an: Der Bruder kostet von der Gabel, die Oma prüft am Löffel, ob das Essen noch zu heiß ist, die Mama hebt den hinuntergefallenen Schnuller auf und leckt ihn ab und so weiter. Solche Szenarien solltest du also vermeiden, so gut du kannst. Leider kommt es auch immer wieder vor, dass ein genetisch veranlagter Zahnschmelzdefekt fälschlicherweise als Karies diagnostiziert wird. In diesem Fall ist jedoch eine andere Therapie nötig. Muttermilch ist übrigens NICHT kariogen! Darum ist es besonders wichtig, dass auch die Kleinsten der Familie ihre eigene Zahnbürste haben und nicht teilen müssen!

Wie kannst du solche Situationen umgehen?

Dass die Geschwister mal wo kosten, lässt sich nicht vermeiden. Innerhalb der eigenen Familie wäre das auch nicht weiter tragisch, aber sie tun es ja auch bei Freunden. Davor ist also niemand gefeit. Aber du kannst alle anderen Risikoquellen minimieren. Die Geschwister kannst du weitgehend dazu anhalten, dass jeder nur aus seinem eigenen Teller mit seinem eigenen Besteck isst. Die Oma kann den Löffel auch mal an die Außenseite der Unterlippe halten oder, noch besser, du besorgst Löffel, die die Farbe ändern, wenn die Nahrung darauf zu heiß ist. Auf den Schnuller kannst du auch ganz verzichten. Viele Eltern finden ihn sehr praktisch, aber er hat auch einige Nachteile und es ist auch eine Gewohnheitsfrage.

Was kann ich noch tun, um Karies zu vermeiden oder zumindest entgegenzuwirken?

Ganz wichtig ist Zähne putzen. Damit kannst du schon nach dem Wochenbett beginnen. Entweder du besorgst dir einen Massageaufsatz für deinen Finger, einen Fingerling mit Noppen, mit dem du Babies Zahnfleisch massierst, oder direkt eine weiche Kinderzahnbürste. Die Vorteile am Zähne putzen, noch bevor überhaupt Zähne da sind, sind vielfältig. Zum einen gewöhnen sich die Babies gleich daran und sehen das Zähne-Putzen als ganz normal an, weil sie es nicht anders kennen. Zum anderen wird das Zahnfleisch dadurch etwas unempfindlicher und das Zahnen wird somit etwas erleichtert und zum dritten sieht man neue Zähne manchmal nicht sofort. So gehst du sicher, dass sie von Anfang an gereinigt werden.

Du selbst und alle anderen Familienmitglieder sollten die Gelegenheit gleich nutzen, um Euren eventuell vorhandenen Karies loszuwerden. Da hilft zuerst mal eine Mundhygiene beim Facharzt und dann habe ich noch einen tollen Tipp für dich, der leider noch immer nicht publik genug ist: Birkenzucker. Zumindest hat er schon den Weg in die Supermarktregale gefunden. Als ich damit begonnen habe, musste ich noch ins Reformhaus gehen, um ihn zu besorgen oder ihn online kaufen. Ich bevorzuge Birkenzucker, der aus Laubhölzern gewonnen wurde. Den aus Mais verwende ich nicht so gerne, da mit Mais leider immer wieder viel auf genetischer Ebene herumprobiert wird. Im Handel findest du ihn auch unter seiner chemischen Bezeichnung Xylitol, manchmal auch Xylit.

Birkenzucker wird in Finnland bereits seit mehr als 30

Jahren erforscht und die positive Auswirkung auf die Zahngesundheit ist bereits mehrfach bestätigt. Unter anderem wird Karies durch Xylit aufgehalten, in manchen Fällen wurde sogar eine Verbesserung des Zahnzustandes durch Rematerialisierung nachgewiesen! Fakt ist: Birkenzucker entzieht den Kariesbakterien die Nahrungsgrundlage und reduziert zudem die Plaquebildung (entstehende Ablagerungen am Zahnstein). Mittlerweile ist er auch als Kaugummi und in Bonbonform erhältlich. Da er aus chemischer Sicht eigentlich gar kein Zucker ist, gibt es noch eine spannende Eigenschaft: Er entzieht seinem Umfeld Wärme und fühlt sich im Mund daher ähnlich kühlend an wie zum Beispiel Pfefferminze. Durch seine Zusammensetzung ist er leider nicht für alle Speisen geeignet. Pudding wird beispielsweise gar nicht fest, wenn man ihn mit Birkenzucker zubereiten will. Ganz egal, wie viel Stärke man dazu gibt, er bleibt dünnflüssig. Hab ich selbst probiert. Auf für Marmelade ist er nicht geeignet In Kuchen, Torten, Marinaden und vielen anderen Verarbeitungsmöglichkeiten, kann er aber 1:1 den Zucker ersetzen, bei gleicher Süßkraft und weniger Kalorien und noch dazu antikariogen!

ACHTUNG!

Deinen Hund darfst du NIE mit Birkenzucker füttern, für ihn ist er giftig!

Auch für Säuglinge (also zumindest im gesamten ersten Lebensjahr) ist Birkenzucker nicht geeignet. Das gilt aber auch für normalen Zucken, also musst du hier ja nichts ersetzen.

Wenn du bisher noch keinen Birkenzucker konsumiert hast und nun plötzlich beginnst, ihn überall einzusetzen, kann er abführende Wirkung haben, bis sich dein Körper daran gewöhnt hat.

Mein persönliches Anliegen

Dauerlutscher und Schlecker sind für Babies und Kleinkinder nicht geeignet. Meiner Meinung nach auch nicht für größere Kinder (und genau genommen auch nicht für Erwachsene). Die einfachste Begründung liegt auf der Hand: Sie sind schlecht für die Zähne, weil sie lange im Mund bleiben und laufend Zucker abgeben. Da feiern die Kariesbakterien Dauerparty! Es gibt wirklich genug andere Naschereien, die nicht so lange im Mund bleiben. Schokolade, Gummibärchen, Eiscreme und viele mehr, da sollen sie lieber die essen.

Die viel schwerwiegendere Begründung ist aber die reelle Erstickungsgefahr! Und da spreche ich auch aus Erfahrung im Bekanntenkreis, wo das Kleinkind mittels erster Hilfe gerade noch überlebt hat. Was für ein Glück, dass das Stückchen noch hochgekommen ist! Was jetzt folgt, ist nicht schön zu lesen, aber es schafft hoffentlich ein Bewusstsein dafür, was für ein Risiko diese Schlecker darstellen:

Bei so kleinen Kindern verursacht schon eine einzige Minute ohne Sauerstoff irreparable Hirnschäden! So wichtig kann doch kein Lutscher sein, oder? Und wenn doch, dann bitte im Sitzen neben einer erwachsenen, nüchternen Person die in Erster Hilfe geschult ist!

BLW im Alltag - wie funktioniert das?

Für mich ist es die einfachste und zeitsparendste Form des Essenlernens! Ich koche einfach was auch immer ich gerade für die Familie kochen möchte, nur ohne Salz. Jeder kann sich dann direkt am Teller nachwürzen oder ich nehme zuerst die Portion fürs Baby heraus und würze dann nach, bevor ich es zu Tisch trage. Ein weiterer Vorteil: Die Portion fürs Baby kann daneben schon ein bis zwei Minutenlang abkühlen und es kann zeitgleich mit dem Rest der Familie zu Essen beginnen. Bei manchen Speisen schneide ich die Stücke anders, seit wir BLW praktizieren. Beispielsweise lassen sich Gurken in Stick-Form vom Baby natürlich besser halten, als wenn sie kleingewürfelt sind. Wenn das Baby größer wird und mit Löffel oder Gabel umgehen kann, wird die Würfelform dann wieder für alle interessant.

Babies sind von Natur aus neugierig. Sie werden alles kosten. Aber jedes Baby ist anders. Während das eine die neue Nahrung sofort in den Mund schiebt und mit seiner Zunge und den Zähnen untersucht, probiert das andere erstmal vorsichtig mit der Fingerspitze, wie die Konsistenz ist und ob sich das Gurkenstück bewegt, wenn man es antippt. Die Kleinen wissen recht schnell, was sie mögen und was nicht, so gibt es immer wieder Phasen, wo nur eine Sache gegessen wird und es großes Gezeter gibt, wenn dein Baby mal was anderes kosten soll. Genauso schnell kann sich das aber auch wieder ändern und das Lieblingsessen der letzten drei Wochen ist das ekeligste Essen auf der ganzen Welt. Manchmal reicht es schon, ein Stück Wurst längs statt quer zu schneiden, um alles zu ruinieren.

Wichtig ist es, immer eine große Vielfalt anzubieten. Zum einen jeden Tag etwas Anderes. ich verteile zum Beispiel eine Packung Erdbeeren auf drei Tage in einer Woche und kombiniere immer wieder mit anderem Obst. Zum anderen immer mehrere Lebensmittel zur gleichen Zeit, damit das Kind aussuchen kann. Es müssen ja keine großen Portionen sein. So bleibt der Entdeckergeist geweckt und du läufst nicht so schnell Gefahr, dass dein Baby gar nichts ist, weil nichts dabei ist, was ihm schmeckt.

Wenn du hin und wieder mal bei der Zubereitung eine Minute überhast, dann kümmere dich um die optische Gestaltung. Krame deine Keksausstecker von

Weihnachten hervor und stanze Herzchen und Sternchen aus den Karotten und Paprika, dann essen sie deine Kinder gleich viel lieber! Das ist nicht viel Aufwand, hat aber eine große Wirkung. Was rundherum abfällt kannst du ja selbst essen oder in den Mittagssalat hineinschneiden. Auch die Anordnung am Teller kann viel ausmachen. Lege ein paar Obststücke so auf den Pfannkuchen, dass ein Gesicht entsteht. Zum Beispiel: eine Apfelspalte als Mund, eine halbierte Erdbeere als Nase, Heidelbeeren oder Weintrauben für die Augen und Mandarinenspalten als Augenbrauen. Hier gibt es im Internet unzählige Inspirationen und Ideen! Lass deiner Kreativität freien Lauf, dann macht es dir Spaß und deinen Kindern auch. Lass dir dabei auch mal von deinen Kindern helfen, wenn sie etwas größer sind. Sie haben oft ganz tolle Ideen dazu!

Mir ist immer noch nicht ganz klar, wie es überhaupt zu dieser ganzen Babybrei-Geschichte kam. Ich persönlich finde es immer noch viel einfacher, die Kinder von Anfang an bei uns mitessen zu lassen. Klar, es ist praktisch, wenn man den ganzen Tag unterwegs ist und mal ein Gläschen Fruchtmus oder ein Quetschi für zwischendurch dabeihat, aber nur so zu füttern fühlt sich für mich einfach nicht richtig an. Generell finde ich es etwas befremdlich, dass sich gerade beim Thema Essen vor allem zu Beginn so stark in die kindliche Intuition eingemischt wird. Essen will gelernt werden, genauso wie aufsetzen, krabbeln und laufen. Die Zeit hat uns ja schon gezeigt, dass fast alle Kinder, die immer aufessen mussten oder zur Strafe kein Abendessen bekommen haben, im späteren Leben unter Ess-Störungen leiden. Ich denke, man muss doch nicht aus Allem eine eigene Wissenschaft machen und man sollte auch einen gewissen Grad an gesundem Hausverstand voraussetzen können.

Gemeinsam stark gegen Tierleid - ich will mein Kind vegetarisch/vegan ernähren!

Ich muss dazu sagen, dass ich in meinem Leben schon zweimal über mehrere Jahre nur vegetarisch gegessen habe und eine vegane Ernährung mehrmals ernsthaft in Betracht gezogen habe. Leider habe ich die Veranlagung zu einer schweren Schwangerschaftserkrankung: Hyperemesis Gravidarum, das unstillbare Schwangerschaftserbrechen. Nach 7kg minus in nur drei Wochen und einem Krankenhausaufenthalt habe ich hart gekämpft, mein Kind nicht zu verlieren und auch meinen Körper weitgehend schadfrei zu halten. Ich habe mich übergeben, und zwar ständig - bis in den Kreissaal. Die letzten Monate waren halbwegs erträglich und ich habe, vor allem durch andere Betroffene, herausgefunden, dass gesunde Nahrung alles verschlimmert, wohingegen Fast-Food Linderung bringt. Das klingt jetzt vielleicht komisch, aber es ist tatsächlich so und niemand weiß warum. Also habe ich schweren Herzens wieder begonnen, mich omnivor zu ernähren, also auch mit Fleisch. Denn nur Pommes und überbackenen Käse hätte ich auf Dauer nicht ausgehalten. Und es hat wirklich geholfen! Endlich, im

7.(!) Monat konnte ich gegen die Übelkeit anessen. Die war übrigens schlagartig weg, sobald das Kind aus meinem Körper raus war. Unglaublich, oder? Jedenfalls habe ich dann natürlich auch nach der Geburt überlegt, was ich meinem Kind mitgeben möchte und bin zu folgendem Schluss gekommen:

Wir ernähren uns omnivor (wir essen also alles), aber ich möchte, dass meine Kinder wissen, was sie da essen. Wenn wir Eier oder Fleisch essen, wenn wir Milch trinken, dann möchte ich, dass sie wissen, woher diese Lebensmittel kommen. Und ich versuche, solche Produkte möglichst natürlich zu bekommen, um das Tieleid zu verringern. Früher gab es bei uns eine Milchsammelstation der umliegenden Bauernhöfe. Mittlerweile darf unpasteurisierte Rohmilch leider nicht mehr verkauft werden. Hier greife ich zur Bergbauern-Heumilch. Das Fleisch kaufe ich im Supermarkt von regionalen Händlern (laut Etikette - nicht einfach immer das Billigste, von dem man nicht weiß, woher es kommt) oder direkt beim Bauernhof. Früher war ich beim Supermarkt auch sehr skeptisch, bis ich mit einer Bäuerin gesprochen habe, die an so eine Kette verkauft. Sie sagte mir, dass der Kontrolleur oft unangemeldet auf der Weide steht, und nach dem

Rechten sieht und dass sie Ihre eigenen Produkte immer wieder im Nachbarort im Supermarkt sieht. Dürfte also doch kein Bio-Schmäh sein.

Wenn du dein Kind vegetarisch oder gar vegan ernähren möchtest, solltest du dich vorab wirklich gut informieren. Du kannst nicht einfach das Fleisch weglassen und den ganzen Tag nur Käsetoast essen. Das ist weder für deinen Körper im Allgemeinen noch für deine Figur gesund, da Käse sehr fett ist. Ein häufiges Problem bei Neo-Vegetariern, da Käse dann oft als Fleischersatz herhalten muss. Bei veganer Ernährung ist das ganze dann nochmal einen Tick komplizierter, da mit einem solchen Speiseplan nicht alle benötigten Mineralstoffe abgedeckt werden können und man diese zusätzlich ergänzen muss. Grundsätzlich steht also einer Schwangerschaft und einem Leben mit Kind auch bei veganer Ernährung nichts im Weg. Meine persönliche Erfahrung zeigt, dass Langzeitvegetarier und -veganer über ein sehr großes Fachwissen im Bereich Ernährungslehre verfügen, welches sie sich selbst angeeignet haben. Sie ernähren sich um einiges gesünder und vielfältiger als der durchschnittliche Allesesser.

Bevor ich dich mit meiner Rezeptsammlung bekannt mache, möchte ich noch auf ein paar zusätzliche Vorteile der BLW-Ernährung hinweisen:

Falls du stillst und in absehbarer Zeit sanft abstillen möchtest, geht das mit Baby led weaning bestimmt entspannter. Wenn am Anfang noch nicht so viel im Mund landet, kannst du immer noch "nachstillen". Dein Baby gewinnt an Selbstvertrauen, weil es wieder etwas selbst kann. Es bekommt die Möglichkeit, sich kreativ zu entfalten, indem es verschiedene Experimente mit seinem Essen durchführt. Diese Chance bekommt es beim Breiessen nur eingeschränkt. Zusätzlich isst das Baby von Anfang an mit der Familie. Es ist doch irgendwie eigenartig, wenn die Kleinen immer separat gefüttert werden, findest du nicht? Die ganze Familie ist sozial eingebunden und nirgendwo gibt es Druck oder gar Zwang. Zudem ist das Baby beschäftigt, somit kommen auch die Eltern dazu, mal in Ruhe zu essen.

Dein Kind lernt alle Lebensmittel von Anfang an richtig kennen und kann sie separat untersuchen, riechen, begreifen und von ihnen kosten. Es kann selbst bestimmen, wann es aufhört zu essen und hat somit ausgezeichnete Chancen, später ein gesundes Verhältnis zum Essen zu haben und nicht unter Gewichtsproblemen zu leiden. Damit das nicht falsch rüberkommmt: ich spreche hier nicht nur von Übergewicht. Seit einigen Jahren ist ja auch die umgangssprachliche Magersucht ein relevantes Thema bei Teenagern.

Zudem wird dein Kind seine Grob- und Feinmotorik-Fähigkeiten rapide ausbauen. Auch die Hand-Mund-Koordination (auch in Kombination mit den Augen) wird es im Eiltempo perfektionieren. Es wird also sehr schnell sehr geschickt im Umgang mit seinen Händen und Fingern und auch die Kaumuskulatur wird dadurch kräftiger.

Apropos: Was mache ich denn, wenn mein Baby mit 6 Monaten noch gar keine Zähne hat? Viele Kinder haben in diesem Alter ja schon bis zu 8 Zähne und können damit auch schon die dargebotene Nahrung zerkleinern. Wenn dein Baby noch keine Zähne hat, kannst du aber trotzdem schon mit Baby led weaning beginnen, denn wie bereits erwähnt: Zu Beginn geht es hauptsächlich darum, dass dein Kind die Lebensmittel kennenlernt. Da wird gegriffen, gedrückt, gematscht, geribbelt, gelutscht, abgesabbert. Es wird im Mund mit der Zunge befühlt, hin und her geschoben, erst in die eine Wange, dann in die andere.

Es landet ohnehin noch nicht viel im Magen. Wenn du trotzdem das Gefühl hast, es deinem Baby "leichter" machen zu wollen oder müssen, dann kannst du ihm zuerst weichere Lebensmittel zum Üben geben. Die Banane ist zum Beispiel sehr beliebt. Ich suche mir dafür immer die kleinstmöglichen Früchte aus, wasche die Schale vorher gründlich ab und öffne das oberste Drittel der Schalenseiten. Dann lege ich die Banane vor mein Baby und lass es selbst zugreifen. Beim Gemüse kannst du ja härtere Sorten vorher kurz dünsten. Ich schreibe mit Absicht kurz, denn sonst werden sie zu weich und dein Baby kann sie nicht mehr gut halten.

Wenn du schon mal deinen Finger zwischen den Kauleisten deines Babies hattest, weißt du bestimmt auch schon, wieviel Kraft sie auch ohne Zähne haben. Einiges können sie also trotzdem schon "zerbeißen".

Wenn du deinem Kind einen Löffel gibst, kannst du vorab auch mit einer kleinen Schüssel Wasser die gröbste Unordnung vermeiden. Ich habe Suppe, Pudding, Brei und Co. immer direkt hingestellt. Eine riesen Sauerei war das schon oft, aber die Babies haben solche Freude daran!

Was gibt es zu trinken und wie?

Auch das ist eine häufig gestellte Frage. Ich habe meinen Kindern von Anfang an einen kleinen Hartplastikbecher mit Wasser dazu gestellt. Sobald die Kinder mit der Beikost beginnen, solltest du auch Wasser zur Verfügung stellen und hier brauchen sie am Anfang auch etwas Hilfe beim Halten des Bechers. Aber sie zeigen ganz schnell selbst, wann sie Hilfe brauchen und wann sie es selbst versuchen möchten. Einen Trinkbecher hatten wir nur für unterwegs und auch das habe ich bald eingestellt, denn meine Kinder hatten es sofort raus, dass man nur in der Mitte drücken muss, damit man trotzdem ausleeren kann, wenn man den Becher auf den Kopf stellt.

Bis heute hat sich da eine Trinkflasche bewährt. Ob das jetzt eine Radlerflasche, eine Thermosflasche oder die Wasserflasche mit Sportverschluss ist, ist meinen Kindern eigentlich egal. Das hatten sie sofort raus.

Nach dem ersten Geburtstag konnten beide auch schon direkt aus normalen Flaschenöffnungen trinken, nur im Auto verwenden wir bis heute den Sportverschluss. Du siehst also, dass du gar kein Baby-Trinkfläschchen brauchst. Die Kleinen kommen wunderbar mit unseren im Haushalt vorhandenen Behältnissen klar.

<u>**WICHTIG!**</u>

LASS DEIN BABY NIE NIE NIEMALS MIT DEM ESSEN ALLEINE!

Falls es sich doch einmal so richtig verschlucken sollte, muss du sofort handeln.

Das geht nicht, wenn du grade mal fünf Minuten im Keller bist!

Dann kann es schon zu spät sein!

Rezepte

Da mein Großer leider an einigen Nahrungsmittelallergien gelitten hat und zum Teil immer noch darunter leidet, musste ich zu der Zeit, in der er mit dem Essen begonnen hat, sehr vieles selbst backen und kochen. Unterwegs mal eine Semmel kaufen? Geht nicht, Weizenallergie. Schnell mal ein Eis essen? Geht nicht, Milcheiweißallergie. (Und damit meine ich nicht Lactose, denn das ist der Milchzucker. Also einfach mal laktosefreie Milch kaufen war auch nicht drin.) Schnell mal einen Müsliriegel? Geht nicht, Nussallergie.

Das war wirklich kein Zuckerschlecken. Dadurch habe ich mir aber auch ein paar Rezepte zusammengesucht, die einfach in der Zubereitung sind und trotzdem super schmecken. Die meisten davon sind sogar für Säuglinge geeignet, da sie Salz- und Zuckerfrei sind! Mit den Quellen kann ich leider in den meisten Fällen nicht dienen, da ich die Rezepte entweder aus alten Familienrezeptbüchern modifiziert oder von Freundinnen zur Verfügung gestellt bekommen habe. Ich habe aber auch einige Rezepte hinzugefügt, die auch allegene Nahrungsmittel erhalten, da ich nicht davon ausgehe, dass dein Kind welche hat - es wäre dir zu wünschen, denn ohne lebt es sich deutlich einfacher. Das sehe ich an meiner kleinen Tochter, die kann alles essen. Und das tut sie auch.

Hier möchte ich dir noch etwas empfehlen: Lass dein Kind mithelfen! Ich habe mir für meinen Sohn zum ersten Geburtstag einen so genannten Lernturm gewünscht. Den hat mir mein Papa dann auch gebaut. Es gibt dazu viele Links mit tollen Anleitungen. Grob gesagt werden dafür zwei verschiedene Hocker vom Möbelschweden zweckentfremdet zusammengebaut. Die Kinder können selbst hinaufklettern und haben oben einen Rahmen, damit sie nicht hinunterfallen können. Sie stehen dann neben mir so hoch, dass sie bequem auf die Arbeitsfläche gelangen können und einen guten Blick auf den Herd haben.

Zu Beginn habe ich ihnen jeweils Silikon-Muffinformen und ähnliches in die Hand gedrückt, da konnten Sie darauf herumkauen und damit spielen, dann waren schon Kochlöffel interessant, im nächsten Schritt auch eine leere Schüssel, um darin zu rühren. Etwas später wollten Sie auch in den befüllten Schüsseln und

Töpfen rühren und schließlich auch mal etwas schneiden. Auch das fördert eine gesunde Einstellung zum Thema Essen und Lebensmittel. Zudem kann ich den Kindern dabei gleich vermitteln, dass Nahrung wertvoll ist und nicht verschwendet werden soll und dass man bei selbst gekochtem Essen auch immer genau weiß was drin ist.

Ich habe nun im Vorjahr damit begonnen, den Kindern auch ein Beet freizuhalten, in dem sie selbst anbauen können. Obst, Gemüse und Kräuter. Wenn du nicht viel Platz hast, kannst du auch eine Pflanze im Blumentopf ziehen. Einen Paprika zum Beispiel. Kresse macht den Kindern besondere Freude, da diese sehr schnell wächst und so die Früchte Ihrer Arbeit fast unmittelbar erlebbar sind.

FRÜHSTÜCKSIDEEN

Den Spruch "Das Frühstück ist die wichtigste Mahlzeit des Tages." kennst du bestimmt so gut wie ich. Und es stimmt: ein gutes Frühstück gibt Kraft für den Tag. In meiner Familie frühstücken wir auch gerne, aber nicht direkt nach dem Aufstehen. Wir schlafen lieber eine halbe Stunde länger und essen dann später etwas.

Ich war schon als Kind so und auch bei meinen Kindern war schnell klar, dass sie keine klassischen Frühstücker sind. Direkt nach dem Aufstehen geht mal gar nichts. Der Große sagt, er möchte erst im Kindergarten essen (etwa eine Stunde nach dem Aufstehen) und die Kleine und ich essen auch erst, nachdem wir ihn dort abgeliefert haben. Nur an den Wochenenden frühstücken wir gemeinsam und das auch erst eine Weile nach dem Munterwerden. Da wird vorher lieber noch im Familienbett gekuschelt und gelacht.

Am Wochenende hab ich auch mehr Zeit und Muße, als in aller Früh etwas zu kochen. Ich schaffe es gerade noch so, das Obst und Gemüse sowie die Wurst für die Kindergartenjause vorzuschneiden oder nett auszustechen und in die Lunchbox zu packen. Wenn kein Kindergarten ist, stelle ich mich oft gemeinsam mit den Kindern in die Küche und sie können helfen, fragen und - ganz wichtig - alles kosten!

Hafer-Pancakes

Dieses Rezept habe ich selbst nie verwendet, weil mein Sohn ja eine Nussallergie hat und hier Mandeln enthalten sind, aber in meiner damaligen Babygruppe waren alle absolut begeistert:

Zutaten:

100g Hafermark

120ml Wasser

2 EL Apfelmus (oder Apfelmark)

2 EL Mandelmus

1 EL (Raps)Öl

1 Banane

1 Msp.* Backpulver

etwas Öl zum Rausbacken

*Msp. = Messerspitze (nur ganz wenig)

Zubereitung:

Schritt 1: Vermische alle Zutaten gut.
Schritt 2: Schöpfe mit einer Kelle kleinere Protionen in die mittelheiße Pfanne (ca. 2/3 der Höchsttemperatur und lass die Pancakes goldbraun baken.
Schritt 3: Wende die Pancakes, wenn die Unterseite die gewünschte Bräune erhalten hat.

Tipp:

Zum Servieren kannst du frische Früchte lustig anrichten (zum Beispiel in Gesichtsform: eine Apfelspalte für den Mund, eine halbierte Erdbeere für die Nase, Blaubeeren oder Weintrauben für die Augen, Mandarinen für die Augenbrauen und so weiter) oder diese zu einem Fruchtmus verarbeiten.

Ruck-Zuck-Hörnchen (slava.com.de)

Auf dieses Rezept hat mich ebenfalls eine andere Mami gebracht. Ich habe es durch sie auf der Website von Slava http://slava.com.de/ gefunden und war sofort total angetan. Mit ihren Rezepten und Anleitungen kann man fast nichts falsch machen, es schmeckt immer besonders gut und die meisten Rezepte sind schnell und einfach umzusetzen, auch wenn du noch Anfänger bist. Slava gelingt einfach immer. So wie diese leckeren Hörnchen:

Zutaten (für 12-16 Stück):

250ml lauwarme Milch

½ Würfel Germ/Hefe, das entspricht etwa einer Packung Trockengermpulver.

1 TL Zucker (Xylit funktioniert hier auch)

500g Dinkelmehl

100ml Öl (oder 80-10g Butter)

1 Eigelb (das Eiweiß für später aufheben!)

1 TL Salz

1 Pkg Backpulver

Zubereitung:

1. Zuerst wird die Hefe mit dem Zucker vermischt und im warmen Wasser aufgelöst.
2. Dann werden alle anderen Zutaten eingerührt.
3. Schließlich kannst du eine Rolle formen, die du in 12-16 gleich groß Stücke teilst.
4. Rolle diese oval zu "Zungen" aus.
5. Wenn du möchtest kannst du sie nun beliebig füllen, einrollen und aufs Backpapier legen.
6. Bestreiche sie anschließend noch mit dem restlichen Eiweiß.
7. Backe sie etwa 15 bis 20 Minuten bei 200°C Ober- und Unterhitze.

Nun kannst du sie schon auf einem Teller schön anrichten. Mit Ahornsirup kannst du die Pancakes etwas süßen und es ist besonders schön, sie noch mit frischen Früchten zu dekorieren.

Notizen:

....

....

....

Overnight oats (kurz O-os)

Eine ganz wundervolle Frühstücksidee sind auch die Overnight oats. Das tolle daran: es gibt so viele Variationsmöglichkeiten, dass garantiert für jeden Geschmack mehr als ein Rezept dabei ist. Ich stelle euch hier meine drei Favoriten vor, den Rest könnt ihr gerne selbst auf https://overnight-oats.de/ nachlesen!

Die Idee dahinter gefällt mir schon allein deshalb so gut, weil ich in der Früh ja - wie bereits gesagt - eher nicht sonderlich motiviert bin, lange in der Küche zu stehen. Die O-os kann ich am Abend vorbereiten und über Nacht ziehen lassen. Bei manchen sind in der Früh noch ein oder zwei kleine Arbeitsschritte übrig, andere sind dann schon essfertig. Du brauchst dazu nicht viel, außer ein verschließbares Glas pro Person. Der Grundbestandteil ist immer eine Portion Haferflocken und dann kanns schon losgehen!

Notizen:

....

....

....

Banane-Mohn-O-os

Zutaten pro Portion:

5 EL kernige Haferflocken
100ml Milch (Muttermilch, Pre-Milch, Hafermilch, Reismilch, usw.)
1 Banane
1 TL Mohn

Zubereitung:

1. Zuerst pürierst du 2/3 der Banane mit Milch.
2. Mische anschließend den Mohn und die Haferflocken mit rein.
3. Die restliche Banane und dein Glas O-os stellst du nun über Nacht in den Kühlschrank.
4. In der Früh schneidest du die 1/3 Banane auch noch in Scheiben und legst sie ins Glas - fertig.

Ein kleiner Tipp am Rande: gib ein paar Tropfen frisch gepressten Zitronensaft in die Bananenmilch und auch auf die Schnittfläche der verbliebenen Banane, damit verhinderst du ein Braunwerden.

Apfel-Zimt-O-os mit Granatapfelquark:

Zutaten pro Portion:

5 EL kernige Haferflocken

1 Msp Zimt

100ml Apfelsaft

100g Magertopfen (Magerquark)

½ Granatapfel

Zubereitung:

1. Vermische die Haferflocken gut mit dem Zimt, das kannst du auch gleich im Glas tun.
2. Gib nun den Apfelsaft dazu und rühre nochmal um.
3. Jetzt bereitest du den Granatapfel vor, indem du ihn entkernst.
4. Etwa 30g der Kerne mischst du mit etwas Wasser in den Magertopfen (Magerquark), bis eine cremige Masse entsteht. Du kannst auch alle Kerne hineingeben, aber geschichtet im Glas sieht es viel schöner aus!
5. Für die Schichtungen beginnst du mit etwa 10g Kernen auf den Oats, dann den Quark und zum

Schluss noch die restlichen Kerne.

6. Jetzt verschließt du noch das Glas uns stellst es über Nacht in den Kühlschrank.

Vanille-O-os mit Vanillejoghurt und Heidelbeeren:

<u>Zutaten pro Portion:</u>

5 EL kernige Haferflocken

Etwas Vanillemark (ich kaufe Schoten und schabe für zwei Portionen eine aus)

100ml Milch (Muttermilch, Pre-Milch, Hafermilch, Reismilch, usw.)

¼ Birne

100g Joghurt (mager)

1 Hand voll Heidelbeeren

Optional: 1 TL Mandelstifte

Zubereitung:

1. Fülle die Haferflocken mit dem Vanillemark und gieße die Milch dazu.
2. Verrühre alles gut. Stell dein O-os über Nacht in den Kühlschrank.
3. In der Früh gibst du Joghurt, Heidelbeeren (Blaubeeren) und die würfelig geschnittene Birne dazu und streust nach Wunsch noch die Mandelsplitter darüber.

Avocadofrühstück

Ich liebe Avocados! Und mit Avocados fallen mir auch spontan mindestens 10 Rezepte ein. Ich mag sie nur roh, gekocht schmecken die gar nicht gut! Avocados sind sehr gesund, das ist die Draufgabe! Von meinen Lieblingsrezepten zeige ich dir heute die einfachste und die aufwändigste Variante. Wobei ich letztere erst bei den Snacks dazuschreibe, weil es eher ein Dip oder Aufstrich ist.

Avocadobrot:

Zutaten für eine Portion:

2 Scheiben Brot

½ reife Avocado

Zubereitung:

1. Schneide mit einem Messer scheibenweise von der Avocado ab.
2. Verteile sie auf dem Brot wie einen Aufstrich oder wie Butter

Für mich ist das Frühstück damit schon fertig. Nach Wunsch kannst du aber auch noch mit Salz und/oder Pfeffer würzen.

Am Wochenende setzen wir uns auch gerne mal zum Brunchen zusammen. Dann kommt alles auf den Tisch: frisches Obst und Gemüse, Aufstriche, Käse, Wurst, Eier in verschiedenen Varianten und wenns mal was ganz besonders sein soll, mache ich

Apfelkrapferl:

Dafür habe ich leider keine genauen Mengenangaben, weil ich es nach Gefühl mache, aber du schaffst das bestimmt auch so! Dieses Rezept koche ich nicht sehr oft zum Frühstück, weil es doch sehr deftig ist.

Zutaten:

2-3 Eier

1 Apfel

Milch

1 Msp Salz

Dinkelmehl

Apfelmus

Schokosauce

1. Für die Apfelkrapferl versprudle ich zuerst die Eier mit dem Handmixer in einer Schüssel.
2. Dann füge nach und nach Dinkelmehl hinzu, bis eine dickflüssige Masse entsteht. Etwa so dick wie für einen Kaiserschmarren.
3. Dann wird der Apfel gewaschen, die Schale kann bleiben.
4. Ich reibe ihn grob und rühre ihn gemeinsam mit dem Salz ein.
5. In einer heißen Pfanne mit Fett (ich verwende gerne Butter, aber dann darf die Temperatur nicht zu hoch sein, da es sonst bitter schmeckt - auch Butterschmalz ist eine tolle Option) platziere ich mit einer Schöpfkelle zwei bis drei Häufchen des Teigs. Er kann noch ein kleines bisschen auseinandergehen, da er ja dickflüssig ist, aber nicht zu viel.
6. Ich backe diese Häufchen nun beidseitig goldbraun und lege Sie dann auf einem Teller ab, der mit Küchenpapier belegt ist. So kann das überschüssige Fett gut abgesaugt werden.
7. Angerichtet werden jeweils zwei dieser

Apfelkrapferl auf einem Teller unter einer etwa 0,5cm hohen Schicht Apfelmus.

8. Darüber gieße ich noch Schokosauce.

Wer mag, kann noch mit Rosinen verfeinern oder auch mal andere Obstsorten mit ähnlicher Konsistenz ausprobieren - Birnen zum Beispiel.

Falls du das Apfelmus und die Schokosauce selbst machen möchtest, schreib ich dir hier diese zwei Rezepte auch noch dazu:

Apfelmus:

Zutaten:

1kg Äpfel
Wasser
Zimtstange
Gewürznelken

Zubereitung:

1. Zuerst schäle ich die Äpfel und entkerne sie.
2. Dann schneide ich sie kleinwürfelig und bedecke sie in einem breiten Topf mit Wasser. Das ist bei mir etwas mehr als ein viertel Liter.
3. Dann gebe ich noch eine Zimtstange und 2-3 Gewürznelken hinzu und lasse alles köcheln, bis die Äpfel schön weich sind.
4. Optional füge ich noch etwas frisch gepressten Zitronensaft hinzu, damit das Apfelmus nicht

gleich braun wird.

5. Wer möchte, kann für die größeren Kinder zusätzlich süßen, ich finde aber nicht, dass es notwendig ist
6. Zum Schluss nehme ich noch die Gewürze heraus. Und schon ist das Apfelmus fertig!

Schokosauce:

Hier mache ich es mir immer besonders leicht, so schmeckts uns auch am Besten!

Zutaten:

100g Schokolade
Etwas Schlagsahne

Zubereitung:

1. Ich kaufe einfach eine 100g-Tafel meiner Lieblingsschokolade
2. Dann schmelze ich die Schokolade mit etwas Schlagsahne.
3. Die Schlagsahnemenge wird an die Konsistenz der Sauce angepasst. Ich mag sie für diesen Verwendungszweck lieber dickflüssig, damit nicht alles gleich von den Apfelkrapferln hinunterläuft, darum gebe ich weniger Schlagsahne dazu. Bei anderen Rezepten ist sie mir flüssiger lieber, da nehme ich dann etwas mehr von der Schlagsahne.

MITTAG- UND/ODER ABENDESSEN

Hier stelle ich dir vorwiegend ganz einfache und schnelle Rezepte vor, da es mit zwei Kindern oft schnell gehen muss. Wir wollen ja auch noch Zeit haben, um miteinander zu spielen! Das eine oder andere Rezept ist vielleicht auch etwas aufwändiger, das könnt ihr dann gemeinsam am Wochenende kochen. Ich koche nur einmal am Tag warm und das ist vor allem im Sommer zumeist am Abend. Dann gibt es gelegentlich auch ein gegrilltes Abendessen mit viel frischem Salat. Und den essen meine Kinder auch sehr gerne, denn die Zutaten dafür haben sie oft selbst angebaut oder zumindest selbst im Garten geerntet und auch bei der Marinade dürfen sie mithelfen.

Dazu sollte ich vielleicht noch sagen, dass meine Kinder mit sehr wenig Schlaf auskommen und erst sehr, sehr, sehr spät ins Bett gehen. Warum dreimal "sehr"? Sie schlafen selten vor Mitternacht, meine kleinen Schreckgespenster. Darum ist das warme Essen spätabends auch kein Problem bei uns. Du kochst vielleicht lieber zu Mittag, das ist auch fein! Wir essen zu Mittag meist nur einen kleinen Snack Dazwischen gibt es immer wieder Obst und Gemüse.

Meine lieben vor allem Äpfel und Gurken. Und natürlich naschen.

Eiernockerl

Ein Rezept aus der österreichischen Hausmannskost. Üblicherweise werden sie mit mariniertem grünen Salat serviert. Dieses Gericht ist schnell zubereitet und schmeckt uns allen gut.

Zutaten:

300g Mehl

Salz

1-2 Eier

1/4ltr Milch

50g Butter (zerlassen)

Zubereitung:

1. Verrühre alle Zutaten zu einem weichen Teig und lass ihn ein paar Minuten stehen, damit sich alles setzen kann.
2. Danach kannst du noch einmal vorsichtig von Hand umrühren.
3. Aus dem so entstandenen Teig werden zwischen zwei Löffeln nun kleine Nockerl geformt, die

anschließend im siedenden Wasser etwa 8 Minuten köcheln.

4. Danach werden sie abgeseiht und abgeschreckt.
5. Nach dem Abschrecken wandern die Nockerln noch schnell in eine vorbereitete Pfanne mit heißem Öl zusammen mit 1-2 verquirlten Eiern.
6. Rühre nicht zu oft und/oder zu schnell um, die Eier drüfen ruhig etwas knuspern.

Tipp:

Statt der Löffelmethode kannst du den Nockerlteig optional mit dem Messer vom Schneidbrett in den Topf streifen. Auch ein Spätzlesieb ist eine passende Option.

Griesnockerl

Manchmal reicht zu Mittag eine Suppe. Zumindest dann, wenn viiiiiiel Einlage drin ist. Wir lieben Griesnockerl! Darum mache ich meistens gleich die dreifache Menge. Zum Ausprobieren reichen aber auch diese Angaben:

Zutaten (am besten bei Zimmertemperatur):

80g Gries

30g Butter

1 Ei

1ltr Suppe (üblicherweise Rindssuppe)

Salz, Muskatnuss, Schnittlauch

Zubereitung:

1. Zuerst kannst du die Butter mit dem Ei schaumig rühren.
2. Dann fügst du erst Salz, dann frisch geriebene Muskatnuss und den Gries hinzu.
3. Anschließend sollte die Masse etwa 5-10 Minuten rasten, bevor du mit einem Löffel Nockerl ausstichst (oder mit zwei Löffeln Nockerl formst) und sie in die kochende Suppe legst.
4. Lass die Nockerln in der Zucke noch etwa 10 Minuten ziehen, dann sind sie fertig.

Wraps

Ein "aktives" Essen wird von den Kindern immer am besten angenommen. Diese Wraps kannst du entweder schon fertig gerollt servieren oder sie als solche unterwegs aus der Jausentüte holen. Die dritte und spannendste Möglichkeit besteht darin, einfach nur den Wrapteig und alle restlichen Zutaten bereitzustellen und das Füllen den Kindern selbst überlassen.

Zutaten:

250g Dinkelmehl glatt

½ TL Salz

250ml kochendes Wasser

Hier ist es wirklich wichtig, dass da Wasser kocht!

Zubereitung:

1. Vermische das Salz mit dem Mehl und rühre das heiße Wasser hinein.

2. Knete so lange, bis eine homogene Masse entstanden ist und rolle den Teig aus.
3. Lege die so entstandenen Wraps in die heiße Pfanne (ohne Öl) und drehe sie mittels Geschirrtuch immer wieder weiter. Auch auf der zweiten Seite, bis sie Blasen werfen.

Ideen für Füllungen:

Zwiebel, Knoblauch- oder Kräutersoße, schnell angebratenes Hühnerfleisch, Bolognese Sauce, Feta Käse, knackige Salatblätter, Tomaten, Gewürze.

Spaghetti mit Rote-Linsen-Bolognese

Dieses Rezept habe ich von der Seite Vegan und Lecker http://vegan-und-lecker.de/2010/12/04/vollkornspaghetti-mit-rote-linsen-bolognese/ Natürlich darfst du nicht davon ausgehen, dass diese Sauce so schmeckt wie eine Bolognese-Sauce, aber sie schmeckt wirklich ausgezeichnet und bringt wieder etwas Abwechslung auf deinen Speiseplan. Wie man Spaghetti kocht, weißt du bestimmt schon. Meine Kinder finden es immer besonders lustig, einzelne Nudeln gegen den Fliesenspiegel zu werfen, um zu sehen, ob sie schon kleben bleiben. Dann sind sie nämlich durch. Wir essen sie gerne aldente, also bissfest. Vollkornspaghetti sind bei uns mega-unbeliebt, aber Dinkelspaghetthi essen wir sehr gerne. Das Rezept haben wir für uns leicht abgewandelt. Und hier kommt das Rezept für die Sauce:

Zutaten:

1 große Packung Dinkel-Spaghetti

1 große Zwiebel

2 große Karotten (Möhren)

1 Zehe Knoblauch (das sind bei uns meistens eher zwei oder drei)

150g rote Linsen

2-3 EL Olivenöl

500ml Tomatensauce (am liebsten selbst püriert aus dem Garten oder die mit Stückchen)

1 Dose geschälte Tomaten

250ml Gemüsesuppe (notfalls tut es auch Suppenpulver mit Wasser)

Pfeffer (Salz erst nach dem Servieren)

1 EL Birkenzucker (optional weglassen in Babies erstem Jahr)

1 EL Kräutermischung "Kräuter der Provence" oder mediterrane Kräuter aus dem Garten

Zubereitung:

1. Die Karotten (Möhren) gut waschen. Dazu habe ich einen "Gemüsekäfer", also eine kleine Bürste in Käferform, mit der ich mein Gemüse unter laufendem Wasser abreibe, damit wir bei vielen Obst- und Gemüsesorten die Schale mitessen können. Darunter stecken die meisten Vitamine! Normalerweise reicht das und ich muss die Karotten (Möhren) nicht "putzen", also den äußersten Rand nicht abschaben oder abschneiden.
2. Die Karotten (Möhren) werden fein geraspelt.
3. Zwiebel und Knoblauch kannst du nun ebenfalls schälen und feinwürfelig schneiden.
4. Erhitze das Öl in einer Pfanne mit Deckel und dünste zuerst die Zwiebeln, bis sie glasig sind.
5. Dann gibst du die geraspelten Karotten (Möhren) dazu und röstest sie eine Weile mit.
6. Schließlich kommen noch die roten Linsen dazu.
7. An dieser Stelle kommt im Originalrezept auch schon der Knoblauch hinein. Ich mag aber keinen gerösteten Knoblauch und bei vielen anderen, die sonst keinen Knoblauch essen,

weil sie ihn nicht "vertragen", habe ich zu hören bekommen, dass es bei meinen Gerichten keine Probleme gibt. Also röste ich ihn einfach nicht mehr an und gebe ihn erst später dazu.

8. Nachdem du alles gut verrührt hast, kannst du mit der Suppe aufgießen.
9. Dann fügst du die Tomatensauce, die Tomatenstücke, Gewürze und den Rohzucker sowie die Kräutern hinzu und lässt alles zusammen aufkochen.
10. Reduziere danach die Hitze und lasse die Sauce mit geschlossenem Deckel etwa 20 Minuten weiterköcheln. Denk daran, dazwischen manchmal umzurühren.
11. Inzwischen kannst du auch das Spaghettiwasser aufsetzen und die Nudeln nach Wunsch bissfest bis weichkochen.
12. Wenn du die Tomatensauce aus Tomaten selbst püriert hast, lasse sie dann nochmal etwa 10 bis 15 Minuten ohne Deckel kochen, damit sie eindicken kann (Reduktion).
13. Eventuell kannst du jetzt noch nachwürzen und den Knoblauch dazugeben, dann ist die Sauce auch schon fertig.

14. Wenn du vegan isst, kannst du noch Hefeflocken hinzugeben oder Hafer-/Sojacuisine einrühren. Diese Komponenten kannst du aber auch weglassen oder stattdessen einen Schuss Schlagobers einrühren und geriebenen Parmesan darüber geben.

Ein Rezept, dass wir nicht nur für zu Hause gerne "kochen", sondern auch unterwegs gerne mitnehmen, ist der

Wurstsalat

Gerade im Sommer, wenn es sehr heiß ist, finde ich Salate besonders erfrischend. Das tolle daran ist für mich an erster Stelle, dass meine Kinder da ganz viel mithelfen können. Wenn Kinder mithelfen, kosten sie auch und dann essen sie auch abwechslungsreicher.

Zutaten:

1-2 Packungen Knacker oder 1 Stange Extrawurst
Etwa dieselbe Menge Tomaten
1 große Zwiebel (rot, gelb oder weiß)
Optional: Paprika, Eier, Mozarella oder was dir sonst noch einfällt
Tafelessig
Öl
1 EL Birkenzucker
Salz, Pfeffer
Frische Kräuter

Zubereitung:

1. Einfacher geht's nicht: Ich schneide alle Zutaten würfelig (eine Größe, die für deine Familie und dich gut passt) und gebe sie in eine Schüssel.
2. Die Zwiebel schneide ich nur sehr grob. Mich stört es nicht, wenn größere Stücke drin sind, weil ich sehr gerne rohe Zwiebel esse und die Kinder können sie so leichter aussortieren.
3. Für die Marinade mische ich etwas Tafelessig mit Öl und würze mit Salz und Pfeffer.
4. Den besonderen Pep bringen frische Kräuter aus unserem Garten und ein Esslöffel Birkenzucker, den ich in die Marinade einrühre.
5. Ich bereite die Marinade zumeist zuerst zu, aber eigentlich ist die Reihenfolge egal. Ich rühre um, bis alles mit Marinade bedeckt ist. Wenn ich Glück habe, ist meine Lieblingsschüssel mit Deckel gerade sauber, dann gebe ich direkt alles dort hinein, schließe den Deckel und schüttle mal kräftig. Gegessen wird der Wurstsalat bei uns traditionell mit Semmeln (Brötchen).

Der Fairness halber schreibe ich euch auch noch mein Lieblingsrezept für einen vegetarischen Salat dazu.

Griechischer Salat:

Zutaten:

2 Pkg Feta (am liebsten den mit Kräutern)
5 große Tomaten (oder viele kleine)
3 Paprika (da nehme ich die Tricolor - je einen in rot, gelb und grün)
1 Salatgurke
2 kleine Gläser grüne Oliven, entkernt (mit Knoblauch gefüllt schmeckts auch super)
1 große Zwiebel
2 Zehen Knoblauch
Salz, Pfeffer, Kräuter
Essig
Olivenöl (kaltgepresst)

Zubereitung:

1. Zuerst bereite ich die Marinade für den Salat zu, damit alles schön durchziehen kann. Generell schmeckt der Salat nach ein paar Stunden gleich doppelt so gut. Dazu nehme ich kaltgepresstes Olivenöl, Rotweinessig und einen Schuss Balsamicoessig - das gibt dem Ganzen

eine besondere Note.

2. Dann werden alle weiteren Zutaten auf die gewünschte Größe geschnitten. Den Knoblauch kannst du auch hineinpressen, ich finde ihn aber geschmacklich besser, wenn er ebenfalls kleingeschnitten wird - also wesentlich kleiner als die restlichen Zutaten natürlich.
3. Schließlich schmecke ich noch mit Salz und Pfeffer ab und füge die Kräuter dazu. Ich verwende hier neben unseren Gartenkräutern am liebsten wieder die Kräutermischung "Kräuter der Provence". Nun brauchst du nur noch umrühren und das war es auch schon wieder.

Dazu essen wir am liebsten Fladenbrot, das kaufen wir aber fertig. Da kann ich dir nur einen kleinen Tipp mit auf den Weg geben, wie es besonders gut schmeckt: Viertle das Fladenbrot und steche dann mehrmals mit einem scharfen Messer von beiden Seiten hinein. Lege es anschließend für 2-3 Minuten ins vorgeheizte Backrohr. So wird das Brot richtig schön knusprig.

Überbackene Kartoffeln

Ein weiteres Lieblingsrezept, das schnell "gekocht" ist, sind überbackene Kartoffeln. Auch hier habe ich eigentlich keine fixen Mengenangaben und mische die Zutaten nach Gefühl, aber ich bemühe mich, es ungefähr zu sagen:

Zutaten:

Pro Rost etwa 5-6 große Kartoffeln (oder mehrere kleine)

1 Becher griechischer Joghurt (oder je 1 Becher Naturjoghurt und saure Sahne)
Etwas englischen Spezialsenf (scharf)
2-3 Knoblauchzehen zum Hineinpressen
Salz, Pfeffer, Kräuter

Zubereitung:

1. Für dieses Gericht wasche ich vorab die benötigte Menge Kartoffeln mit meinem Gemüsekä-fer gründlich.
2. Dann schneide diese dann mit der Brotschneidemaschine in etwa 1cm dicke Scheiben. Du kannst auch von Hand schneiden, das dauert aber etwas länger und sie werden nicht so gleichmäßig.
3. Ich lege die Kartoffeln auf einen mit Backpapier ausgelegten Rost und schiebe sie bei 180°C Umluft ins Rohr. Dort backen sie zwischen 30 und 45 Minuten - je nachdem, ob ich vorgeheizt habe und wie groß die Scheiben sind.
4. Du erkennst, dass sie fertig sind, wenn sich die oberste Haut aufwölbt und goldbraun färbt.
5. In der Zwischenzeit rühre ich den griechischen Joghurt (oder Naturjoghurt und saure Sahne) mit den gepressten Knoblauchzehen und den restlichen Zutaten zusammen.

Tipp: Die Kräutersauce kann auch schon am Vortag zubereitet werden, dann geht's noch schneller und einfacher und dann ist auch der

Knoblauch schon schön eingezogen. In diesem Fall stelle ich mir für die Kartoffeln IMMER einen Wecker, denn ich nutze diese Zeit, um etwas mit den Kindern zu machen oder im Haushalt und da vergeht die Zeit wie im Flug. Es wäre schade, wenn sie anbrennen!

Ich rate dazu, die Sauce in einer verschließbaren Schüssel oder Plastikdose im Kühlschrank aufzubewahren, dann trocknen die Ränder nicht ein. Wenn sich eine Molkepfütze an der Oberseite bildet, ist das normal. Rühre einfach einmal kräftig um, dann ist sie wieder weg.

6. Wenn die Kartoffeln fertig gebacken sind, schalte ich das Rohr aus uns ziehe den Rost bis zur Hälfte heraus.
7. Dann belege ich jede Scheibe mit einem Stück Käse, beginnend bei den mir am nächsten.

Meistens geben die Kartoffeln noch so viel Hitze ab, dass der Käse sofort zu schmelzen beginnt, ansonsten kannst du den Rost noch-mal ins Rohr schieben und die Türe schließen. Du musst es aber nicht mehr einschalten, die Restwärme reicht vollkommen aus.

8. Wenn der Käse angeschmolzen ist, kannst du die Kartoffeln herausnehmen und auf Tellern anrichten - aber verbrenne dir dabei nicht die Finger!

Die Kräutersauce stelle ich einfach so auf den Tisch und jeder kann sich frei bedienen, wir essen dieses Gericht als Fingerfood. Es ist sehr sättigend. Für die Kleinsten kannst du Käse und Sauce einfach weglassen, da gibt's dann einfach ein Stück Kartoffel zu knabbern.

Optional kannst du unter den Käse auch noch Wurst, Schinken oder Speck reinlegen, ganz nach Geschmack.

Omelette

Das war das erste Gericht, bei dem unsere kleine Maus so richtig zugeschlagen hat. Darum muss ich es dir auch unbedingt aufschreiben. Vermutlich hätte sie es an dem Tag auch mit anderen Gemüsesorten gegessen, aber das war unser Original:

Zutaten für einen Erwachsenen und zwei Kleinkinder:

3 Eier

1/8ltr Milch

1 Paprika

1 Tomate

1 kleine Zwiebel

Salz, Pfeffer

Etwas Öl zum Anbraten

Frische Gartenkräuter (bei uns war es fein gehackte Petersilie)

Zubereitung:

1. Zuerst hacke ich die Zwiebel klein und lasse sie in der Pfanne im heißen Öl anlaufen.
2. In der Zwischenzeit schneide ich den Paprika und die Tomate kleinwürfelig und gebe sie schließlich zur Zwiebel dazu.
3. Alles wird jetzt noch kurz weitergeröstet, bis die Zwiebel goldgelb wird.
4. Bis es so weit ist, verquirle ich die Eier mit der Milch und den Gewürzen.
5. Schließlich füge ich auch noch die fein gehackte Petersilie hinzu.
6. Diese Mischung gieße ich über das Gemüse in der Pfanne und lasse alles durchgaren
7. Das Omelette wird einmal gewendet. Dann ist es auch schon fertig.
8. Ich lege es in der Mitte zusammen und serviere es auf einem Teller mit klein geschnittener Tomate und einem Stück Gebäck als Garnitur.
9. Optional kannst du auch etwas Käse auf das Omelette geben, bevor du es zusammenfaltest.

Knacker mit Kartoffelbrei

Wie gesagt geht es beim Baby lead weaning nicht in erster Linie darum, nur Fingerfood zu essen, also brefrei, denn irgendwann (eher früher als später) wollen uns die Kleinen auch beim Essen mit Besteck nacheifern. Und ein kleiner Löffel ist ein tolles Instrument für die ersten Versuche. Darum zeige ich dir auch noch mein Lieblingsrezept für Kartoffelbrei, und zwar für einen Brei aus frischen Katoffeln und nicht aus Fertigflocken!

Zutaten:

5-6 große oder mehrere kleine Kartoffeln

Wasser

Etwas Milch

Etwas Butter

Salz

Muskatnuss

Pro Person 1-2 Knacker

Öl zum Herausbacken

Zubereitung:

1. Ich beginne damit, die Kartoffeln zu schälen und würfelig zu schneiden. Stücke müssen gar nicht ganz klein werden, es reichen so 2-3cm.
2. Diese Würfel lege ich in einen weiten Topf und bedecke sie knapp mit Wasser.
3. Dann lasse ich sie etwa 15-20 Minuten kochen, bis sie beim umrühren beginnen zu zerfallen und das Wasser somit sämig wird.
4. Ich fülle diese Masse dann gerne in eine große Rührschüssel um und rühre mit dem Handmixer weiter.
5. Nun füge ich etwas Milch hinzu, bis ich die Konsistenz schön finde. Ich mag es gerne etwas fester und nicht zu flüssig.
6. Dann kommt noch die Butter mit rein und zum Schluss Salz und frisch geriebene Muskatnuss nach Geschmack.

Tipp: Wer es besonders fein mag, kann anstelle der Milch auch Schlagsahne hinzugeben und/oder alles noch zusätzlich pürieren.

7. Während die Kartoffeln kochen (und ich gelegentlich umrühre), enthäute ich die Knackwürste, halbiere sie längs und schneide die Oberseite alle paar Millimeter etwa 5mm tief ein, dann wird die Oberseite in der Pfanne schön knusprig.
8. Manche schwören darauf, die Knacker noch kurz in glattem Mehl zu wälzen, ich verzichte darauf. Ich lege Sie mit der eingeschnittenen Seite nach unten ins heiße Fett in der Pfanne, bis sie eine schöne Farbe bekommen, dann wende ich einmal und lasse sie fertig braten. Zum Abtropfen lege ich sie nach dem Backen in eine Schale, die mit Küchenrolle ausgelegt ist.

Wer möchte kann noch Zwiebelringe dazu anrösten. Wir servieren dieses Gericht gerne mit knackigem grünen Salat. Die Marinade dazu findest du beim Rezept zum Wurstsalat.

Reisfleisch

Unter dem Namen Reisfleisch findest du unzählige Rezepte, die bis auf den Reis oft nicht viel gemeinsam haben. Ich zeige dir hier unseren Favoriten, den schon meine Mama und meine Oma gekocht haben.

Zutaten:

500g gemischtes Hackfleisch

1 große Zwiebel

1 Knoblauchzehe

1 Dose Tomatensauce (oder ca. 6 pürierte Tomaten)

1 Tasse Reis

2 Tassen Rindssuppe

Kräuter nach Wahl

Etwas Öl zum Anrösten

Zubereitung:

1. In einem kleinen Topf mit Deckel lasse ich etwa 1 EL Öl heiß werden.
2. Dann gebe ich den Reis dazu und röste ihn kurz mit, bevor ich ihn mit der Rindssuppe aufgieße.

3. Jetzt musst du aufpassen! Rühre einige Male kräftig um, schließe den Topf mit dem Deckel und schalte die Platte auf die kleinstmögliche Stufe. Nun darfst du den Reis nicht mehr umrühren, bis er fertig ist, da er sonst anbrennt. Er benötigt nun etwa 20 Minuten, bis er die ganze Suppe aufgenommen hat.
4. Die Zwiebel schneide ich kleinwürfelig und röste sie in der Pfanne an, bis sie goldgelb ist.
5. Dann füge ich das Fleisch hinzu und röste es mit, bis es durch ist.

   Tipp: Manchmal gebe ich jetzt auch noch kleingeschnittene Paprikastücke hinein.

   Falls du die Tomatensauce aus frischen Tomaten machst, kannst du sie schon in einem kleinen Topf unter häufigem Rühren reduzieren (eindicken) lassen.
6. Sobald der Reis fertig ist, kommt er in die Pfanne und wird eingerührt.
7. Dazu presse ich auch die Knoblauchzehe hinein.

8. Schließlich kommt noch die Tomatensauce darauf und wird ebenfalls eingerührt. Dann kannst du mit den Gewürzen und Kräutern deiner Wahl noch abschmecken. Wenn noch das "gewisse Etwas" fehlt, versuche es mal mit Tomatenmark, etwas Ketchup oder einem Teelöffel Birkenzucker als Verfeinerung.

Zum Abschluss der Hauptspeisen möchte ich dir noch eines meiner absoluten Lieblingsrezepte zeigen, dass etwas zeitaufwändiger ist.

Kartoffelgulyás:

Das "Gulasch" ist ursprünglich ein ungarisches Nationalgericht. Die Ungar sagen dazu aber Pörkölt, denn mit dem Gulyás ist eigentlich ein Schafhirte gemeint. Das traditionelle Gulyás wird mit kleinwürfelig geschnittenen, mageren Fleischstücken gekocht. Meine Variante ist eine einfache Abwandlung die vermutlich aus der Resteküche stammt.

Zutaten für vier Portionen:

40g Butter

Mindestens 400g Zwiebeln (weiß)

20g süßes Paprikapulver

1-2 EL Tafelessig

Etwa 0,5 ltr Rindssuppe

Etwa 1 kg Kartoffeln

2 Knoblauchzehen

1 TL gemalener Kümmel

1 TL Majoran

Salz, Pfeffer, Petersilie
(optional: 2 EL saure Sahne)
Würste nach Lust und Laune

Zubereitung:

1. Zuerst schneide ich die Kartoffeln und Würste kleinwürfelig. Ich verwende am liebsten Krainer, Bergsteiger oder Waldviertler, du kannst aber auch Wiener nehmen.
2. Dann schneide ich die Zwiebeln feinwürfelig und röste sie in der Butter an.
3. Wenn sie schön goldgelb sind, streue ich das Paprikapulver darüber und röste es kurz mit, dann lösche ich mit dem Tafelessig ab und gebe die Suppe dazu.
4. Nun folgen Kartoffeln und Würste in den Topf.
5. Ich presse auch den Knoblauch direkt dazu und schmecke mit den Gewürzen und Kräutern ab.
6. Das Ganze lasse ich auf kleiner Hitze köcheln, bis die Sauce schön sämig (dickflüssig) wird.

Tipp: Zum Schluss kannst du gerne noch die saure Sahne einrühren und mit Petersilie verfeinern. Dazu essen wir am liebsten Semmeln (Brötchen).

FÜR UNTERWEGS / SNACKS FÜR ZWISCHENDURCH

Ich war schon mit meinem ersten Kind gleich nach dem Wochenbett viel unterwegs. Nach acht Wochen zu Hause musste ich auch einfach mal raus, sonst wäre mir die Decke auf den Kopf gefallen. Abgesehen von verschiedenen Babygruppen, die wir besucht haben (ja, auch ich habe am Anfang vieles ausprobiert), gab es zusätzlich viele Treffen mit anderen Müttern mit Babies im selben Alter sowie mit verschiedenen Freundinnen, die schon vor mir Kinder hatten und mit denen der Kontakt durch meine Kinder auch wieder enger wurde. Es ist doch schön, wenn die Kinder gemeinsam aufwachsen können.

Dazu auch die klare Empfehlung von mir: Raus mit dir! Ins Café, auf den Spielplatz, notfalls in die Krabbelgruppe. Mach was mit deinen Kindern - idealer-weise an der frischen Luft und so oft es geht. Das tut nicht nur deinen Kindern gut, sondern auch dir und es hilft auch wahnsinnig toll, um die noch hängen gebliebenen Schwangerschaftsröllchen zu reduzieren.

Karottensalat

Ein kleiner, gesunder, süßer Snack, der im Kühlschrank auch mal 2-3 Tage hält. Für die kleinsten würde ich den Zitronensaft und den flüssigen Honig (Bakterien!) auf jeden Fall weglassen. Ich finde es so süß genug. Es hängt aber auch oft von der Apfelsorte ab, wie süßsauer es im Endeffekt wird.

Zutaten:

500g Karotten
Ca. 4 große Äpfel

Optional:
Ca. 200ml Zitronensaft
2 TL flüssigen Honig (zuvor über 60°C erhitzt)

Zubereitung:

1. Die Karotten (Möhren) fein reiben, die Äpfel etwas grober.
2. Dann alles gut vermischen.
3. Optional noch Zitronensaft mit Honig gut vermengen und daruntermischen.
4. Wenn du den Salat gleich essen möchtest, reichen eigentlich die beiden Grundzutaten vollkommen aus. Durch die Zitrone wird der Salat etwas länger haltbar und die Äpfel werden nicht so schnell braun.

Schokopudding

Pudding ist ganz schnell selbst gemacht. Wenn du mal weißt, wie einfach das ist, wirst du dieses Rezept vermutlich öfter nutzen. Ich möchte jetzt nicht sagen "für Fortgeschrittene", aber versuche mal, nach und nach statt des Kakaopulvers Schokolade zu verwenden. Da kommt es schon etwas auf dein Gefühl an, dass du die richtige Menge erwischst, damit auch die Konsistenz passt. Dann kannst du problemlos Nikolos und Osterhasen, die vielleicht übriggeblieben sind, verarbeiten. Die Kinder bekommen ohnehin immer viel zu viel Naschereien. Das ist bei dir vermutlich nicht anders. Und so geht's:

Zutaten:

(optional 50g Schokolade)

1/2ltr Vollmilch

1-3 EL Kakaopulver (nach Geschmack)

35g Zucker

2 EL Speisestärke

Zubereitung:

1. Zuerst musst du (Schokolade mit) 300ml Milch aufkochen.
2. Schokolade gegebenenfalls einrühren.
3. Die anderen 200ml Milch werden nun mit den restlichen Zutaten vermischt und anschließend zur (Schokolade)Milch gegeben und zusammen aufgekocht.
4. Rühre weiter, bis die Puddingmasse dickflüssig wird.
5. Fülle Sie dann in kalt ausgespülte Formen oder Tassen und lass sie weiter abkühlen. Wenn du den Pudding in eine verschließbare Form füllst, kannst du ihn nach dem Abkühlen einfach einpacken und mitnehmen. Denke auch an einen Löffel!

Notizen:

....

....

....

....

....

Vegane Muffins

Wer hätte gedacht, dass man auch ohne Eier lecker backen kann? Hier kommen die veganen Muffins! Und die schmecken übrigens auch Nicht-Veganern!

Zutaten:

80ml Öl

170g Zucker (bei Reismilch aufgrund des süßen Eigengeschmacks etwas weniger)

3 EL Soja Joghurt

160ml Milch (Mandelmilch, Reismilch, Kokosmilch)

1 TL Vanillezucker

120g Mehl

1 gehäuften TL Backpulver

Zubereitung:

1. Zuerst kannst du Öl, Joghurt, Zucker, Vanillezucker und Milch schaumig rühren.
2. Dann gibst du den Rest dazu.

<u>Tipp</u>: Wenn du möchtest kannst du noch 50g einer weiteren, festen Zutat hinzugeben. Diese kann immer variieren: Blaubeeren, geriebene Nüsse oder ähnliches. Oder du lässt es einfach weg.

Schritt 3: Fülle den Teig anschließend in die Formen und lass Ihn ca 30 Minuten lang bei 180°C Ober- und Unterhitze backen.

<u>Tipp</u>: Ein bisschen Pep kannst du noch reinbringen, indem du frisches Obst wie Heidelbeeren, klein geschnittene Erdbeeren, Nüsse, Rosinen oder Schokodrops zum Schluss in den Teig einrührst.

Dazu bedecke diese Zutaten zuerst mit Mehl, dann sinken sie in den Backformen nicht so schnell nach unten. Bei den Muffinformen wird dir das vielleicht nicht so auffallen, aber falls du mal einen Kuchen oder eine Torte bäckst, macht das definitiv einen Unterschied.

Bananen-Muffins

Dies ist ein Muffinrezept, das zur Gänze ohne Zucker auskommt und auch für Nahrungsmittel-Allergiker geeignet ist. Zudem kannst du hier deine überreifen Bananen noch sinnvoll verwerten. Ich verwende mittlerweile für fast alle Rezepte nur noch glattes Dinkelmehl. Das wird sicher vertragen und man schmeckt im Vergleich zum Weizenmehl gar keinen Unterschied.

Zutaten:

100g Dinkelmehl, glatt

(optional: 40g Mandeln oder andere Nüsse, fein gerieben)

1,5 TL Backpulver

½ TL Zimt

4 EL Butter

2 Eier

4 große, überreife Bananen

Zubereitung:

1. Verrühre zuerst Mehl, Backpulver und Zimt.
2. In einer großen Schüssel kannst du die Bananen zerstampfen.
3. Gib die geschmolzene Butter dazu und verrühre alles mit den Eiern.
4. Zum Schluss kommt noch die Mehlmischung dazu, dann kannst du den Teig schon in die Förmchen füllen

Gebacken wird bei 180°C Heißluft für etwa 30 Minuten.

Gekühlt, im Plastikgeschirr halten Sie 3-4 Tage, eingefroren etwa 6 Monate.

Eiscreme

Nicht nur im Sommer beliebt: Eiscreme. Meine Kinder können das zu jeder Tages- und Nachtzeit essen, auch wenn sie eigentlich schon pappsatt sind. Das Eis rinnt ja im Magen noch in die letzten Ritzen rein. Und wenn ich ehrlich bin: auch bei mir geht Eis immer. Wir sind richtige Eistiger!

Fruchteis:

Wenn du dir Eisformen besorgst, kannst du ganz einfach Eis am Stiel machen. Dazu brauchst du nur deine Früchte nach Wahl pürieren, einfüllen und die Formen mit dem Mus-Inhalt einfrieren.

Cremeis:

Cremeeis kannst du als Milcheis oder ebenfalls mit Früchten zubereiten. Dazu habe ich auch kein klassisches Rezept mit Mengenangaben, weil ich es aus dem Gefühl heraus mache - und natürlich mit viel "kosten". Für Schokoeis schmelze ich Schokolade über dem Wasserbad und hebe anschließend geschlagene Sahne darunter. Schließlich stelle ich es in den Kühlschrank und rühre erst nach 20, dann nach 40 Minuten und nochmal nach 80 Minuten um, schließlich nochmal nach zwei Stunden, dann ist es fertig. Für Nusseis röste ich gemahlene Nüsse kurz an und hebe genauso Schlagobers darunter, dann süße ich noch nach Geschmack. Für Fruchteis püriere ich das Obst und füge noch etwas Milch hinzu. Mit einer Eismaschine wäre das zweifelsohne noch etwas einfacher.

Fruchtleder:

Zutaten:

Frisches Obst und/oder Gemüse nach Wahl
Eventuell etwas Zucker oder Agavendicksaft
Weitere kreative Zutaten nach Wahl wie zum Beispiel Mandelmus oder Joghurt

Zubereitung:

1. Für das Fruchtleder benötigst du zuerst mal Fruchtmus. Püriere also deine gewünschten Zutaten.

1. Tipp: Besondern Pep bekommt dein Fruchtleder, wenn du dazu Obst und Gemüse mischst. Lebensmittel mit hohem Wassergehalt werden zu einem sehr dünnflüssigen Mus, das du entweder schon vorab andicken kannst, indem du es mit etwas Zucker oder Agavendicksaft aufkochst oder du lässt es viel länger im Ofen.
2. Verstreiche das Mus auf einem mit Backpapier ausgelegten Blech. Es sollte etwa 3-5mm dick verstrichen werden

Backe das Mus nun bei Umluft/Heißluft mit etwa 90°C etwa 3-4 Stunden lang. Versuche danach vorsichtig mit dem Finger, ob es daran kleben bleibt. In diesem Fall solltest du nochmal eine Stunde dranhängen. Wenn es fertig ist, kannst du es mitsamt dem Backpapier in Streifen schneiden, einrollen und in einen verschließbaren Behälter legen.

Wie lange es haltbar ist, kann ich dir leider nicht sagen, da es bei uns immer sehr schnell weggefuttert ist.

Noch ein kleiner Tipp am Rande: wenn du etwas frisch gepressten Zitronensaft dazu gibst, bleiben die Farben viel leuchtender als ohne. Mit diesem Rezept hast du auf jeden Fall eine sehr gesunde Möglichkeit, deinen Kindern Naschsachen anzubieten.

Guacamole

Zutaten für eine kleine Schüssel voll:

1 reife Avocado

1 große Tomate

½ Zitrone

1 Knoblauchzehe

Salz und Pfeffer nach Geschmack

Optional Sardellenpaste, Chili

Zubereitung:

1. Wasche zuerst die Tomate.
2. Die Avocado wird entkernt und aus der Schale genommen.
3. Dann schneide alles kleinwürfelig und verrühre alles kurz.
4. Füge etwas Zitronensaft (nach Geschmack) und die gepresste Knoblauchzehe hinzu.
5. Jetzt noch etwas nachwürzen und fertig.

Tipp: Wer gerne Fisch isst, möchte vielleicht noch mit Sardellenpast verfeinern. Für eine gute Schäfe kann wohldosiert Chili hinzugefügt werden.

Ich esse meine Guacamole am liebsten einfach auf Roggenbrot. Sie passt aber auch als Snack mit Taco-Chips (als gesunde alternative zur Käsesauce) perfekt zum Fernsehabend. Meine Kinder lieben diese Sauce genauso wie ich!

Notizen:

....

....

....

....

Nudeln mit Öl und Salz

Dieses Rezept klingt nicht nur banal, es ist auch sehr reduziert gehalten. Das absolute Lieblingsessen meines Großen.

Zutaten für zwei Kinder:

½ Packung Dinkel-Nudeln oder Dinkel-Spaghetti
1-2 EL Kaltgepresstes Olivenöl
Etwas Salz

Zubereitung:

1. Bringe in einem großen Topf (am leichtesten geht's mit einem Siebeinsatz) Wasser zum Kochen.
2. Wenn es kocht, kannst du es salzen und die Nudeln hineingeben.
3. Koche sie al dente (also bissfest). Bei Dinkel-Teigwaren dauert das ein paar Minuten länger als bei Weizennudeln.

4. Seihe die Nudeln ab und gib jedem Kind ein bisschen davon aufs Geschirr. Darüber kommt das Olivenöl und etwas Salz (die Kleinsten bekommen die Nudeln ohne Salz). Einmal kurz umrühren, Löffel dazu und fertig.

Kressebrot:

Wenn wir schon bei den banalen Gerichten sind, möchte ich gleich noch eines nachreichen. Ein Kressebrot ist ja schnell gemacht, aber der Weg dahin dauert schon etwas länger und die Kinder können dabei so einiges über Pflanzen lernen.

Zutaten pro Person:

1-2 Scheiben Brot (wir lieben Roggenbrot)
Etwas Butter
Frische Gartenkresse (am liebsten selbst angebaut mit Watte(pads), Kressesamen und Wasser)

Zubereitung:

Hier kommt also der Haken: Du beginnst mit der Zubereitung schon etwa eine Woche bevor du das Brot essen möchtest. Das klingt erstmal aufwändig, aber es ist gar nicht so viel Arbeit, wie du denkst.

1. Lege eine kleine Schüssel oder einen tiefen Teller mit Watte(pads) aus und gieße so viel Wasser darüber, dass die Watte komplett

durchnässt ist. Das Wasser soll allerdings nicht darin stehen.

2. Darauf verteilst du die Kressesamen so, dass sie nicht übereinander liegen. Sie können aber ruhig die gesamte Fläche locker bedecken.
3. Nun platzierst du die Kresse so, dass sie zwar fast den ganzen Tag direkt im hellen Licht steht, aber nicht der direkten Sonnenstrahlung ausgesetzt ist.

INFO: Die Kresse ist ein so genannter Lichtkeimer, sie benötigt also Licht, um auskeimen zu können. Steht sie direkt in der prallen Sonne ist das aber zu viel des Guten. Da trocknet die Watte viel zu schnell aus und die Keimlinge gleich mit. Achte also darauf, dass die Watte immer schön feucht bleibt. Es soll aber auch nicht zu nass werden, da sich sonst Schimmel ansetzen kann und das wollen wir ja nicht.

Wenn es schön hell und warm und feucht ist, benötigt die Kresse etwa eine Woche, bis sie einige Zentimeter in die Höhe geschossen ist und kleine Blätter austreibt.

4. Jetzt solltest du sie ernten. Lässt du sie zu lange wachsen, werden die Blätter bitter.
5. Streiche also zwei Scheiben Brot mit etwas Butter ein und schichte etwa einen halben Zentimeter hoch kleingeschnittene Kresse darüber - und fertig!

Ein kleines bisschen aufwändiger ist mein Rezept für

Tomatensauce nach neapolitaner Art

Zutaten für 4-6 Personen:

400g frische Tomaten (Reduktion) oder aus der Dose
80g fein geschnittene Zwiebel
4 EL Olivenöl
Salz, Pfeffer (weiß)
Optional: 1 Lorbeerblatt, Basilikum

Zubereitung:

1. Erhitze das Olivenöl in einer Pfanne goldgelb.
2. Sobald die Zwiebeln angelaufen sind, fügst du die Tomatensauce hinzu.
3. Nun musst du nur noch würzen und kurz geduldig sein.
4. Lass alles nochmal für etwa fünf Minuten köcheln.
5. Entferne das Lorbeerblatt.
6. Püriere oder mixe die Sauce gut.
7. Gib noch frisches, grob gehacktes Basilikum aus dem eigenen Garten dazu.

Die Teigwaren bereitest du so zu, wie du möchtest. Es ist dabei wieder einerlei, ob du klassische Spaghetti oder Nudeln möchtest. Bedenke auch, dass Dinkelnudeln ein paar Minuten Länger kochen müssen als herkömmliche Teigwaren.

Obstspieße:

Ein Klassiker, der einfach nie langweilig wird und an den individuellen Geschmack deiner Familie angepasst werden kann ist der Obstspieß. Oft essen die Kinder kein Obst, weil es so unattraktiv erscheint und weil sie dazu gedrängt werden. Beim Baby led weaning überlassen wir es den Kindern, wovon sie sich bedienen. Wenn aber die Auswahl optisch besonders ansprechend ist, werden sie schneller hin greifen. Und notfalls kannst du ja mit etwas Schokoglasur nachhelfen.

Zutaten:

Obst nach Wunsch
Einige kleine Metallspieße (wiederverwendbar)

Zubereitung:

Eigentlich ist es ganz egal, welche Obstsorten du verwendest und in welcher Reihenfolge du sie aufsteckst, solange du alle mehr oder weniger auf dieselbe Größe zuschneidest. Besonders schön finde ich persönlich Farbverläufe. Auch meine Kinder essen

1-2 Spieße mehr, wenn sie schön bunt sind. Dazu möchte ich dir eine kleine Farbpallette and die Hand geben:

(Dunkel)blau: Pflaumen, Blaubeeren

Lila: blaue Weintrauben, Brombeeren

Pink: Wassermelonen, Himbeeren, Feigen

Rot: Erdbeeren, Kirschen

Orange: Mango, Physalis, Zuckermelonen, Pfirsiche, Orangen, Maracujas

Gelb: Ananas, Sternfrucht, Bananen, Honigmelonen

Grün: Kiwis, weiße Weintrauben

Du kannst die Spieße entweder auf einen Teller legen oder sie in eine halbierte, umgedrehte Melone stecken, sodass sie aussieht wie ein Igel.

Diese Obstspieße machen sich übrigens auch zum ersten Geburtstag ganz toll auf einer

Notizen:

....

....

....

....

....

Melonentorte

Mein Großer hat im Sommer Geburtstag, da bietet sich so eine Torte natürlich an. Und welches Kind isst nicht gerne Melonen?

Zutaten:

1 große Wassermelone
1 Zuckermelone
1 Honigmelone
Weiteres Obst nach Wunsch
Ein paar fertige Obstspieße
Kerzen und andere Deko

Zubereitung:

1. Für die Melonentorte schneidest du eine große Wassermelone in zwei ungleich große Scheiben mit etwa 8-10 Zentimetern Höhe und schneidest den grünen Rand so weg, dass sie möglichst rund wird.
2. Dann kannst du die größere Scheibe auf einen großen Teller legen, darüber die kleinere Scheibe.

3. Die restliche Melone schneidest du zu kleinen Platten mit etwa einem Zentimeter Höhe.
4. Genauso schneidest du auch aus den anderen Melonen Scheiben mit etwa einem Zentimeter Höhe.
5. Dann kannst du mit Keksausstechern kleine Formen ausstanzen, die du mit Zahnstochern an den Tortenseiten befestigst. Zum Beispiel große orangene Blumen mit kleineren gelben Blumen darüber. Oder Sterne - da findest du vielleicht ein tolles Kombiset mit einigen Sternen in verschiedenen Größen. Auch Herzen machen sich auf der Melonentorte immer sehr gut.
6. In der Mitte dieser Seitendekorationen kannst du dann noch eine kleine Weintraube oder eine Blaubeere platzieren. Auch anderes Obst macht sich schön als Rand-Dekoration. Auf die erste Stufe kannst du auch ganze Erd- oder Himbeeren legen und alles, was dir sonst noch einfällt.

Oben auf die Torte kommt ein Schriftzug oder Kerzen (oder beides) und schließlich kannst du die Obstspieße hineinstecken, wo sie dir am besten gefallen. Natürlich bietet sich so eine Melonentorte im Sommer eher an, da in der warmen Jahreszeit die Früchte viel aromatischer sind.

Notizen:

....

....

....

....

Herzlichen Glückwunsch

Du hast es bis hierhin geschafft. **Gratulation**!
Als kleines Dankeschön gibt es ein kleines Bonusgeschenk. In Kooperation mit Babykulisse haben wir „Baby Meilensteinkarten" kreiert.

Du kriegst **20% Rabatt!**

Du musst auf Amazon gehen und nach „Babykulisse Babykarten" suchen. Klicke auf „Kaufen" und gebe den Code

Babykulisse

an der Kasse ein.

Was sind „Baby Meilensteinkarten"?

Diese speziell für Mamas/Papas wie dich entwickelten Baby-Erinnerungskarten markieren die schönsten Momente im ersten Lebensjahr deines Babies. Natürlich sind auch viele andere Momente besonderer Erinnerung wert, aber diese 40 von uns vorgegebenen

Themen sind wichtige Zeitpunkte im ersten Lebensjahr eines jeden Babies. Sie sollen dir dabei helfen, diese Momente einzufangen.

30 Tage Geld-Zurück-Garantie

Falls dir die Baby Erinnerungskarten nicht gefallen, kriegst du dein Geld zurück.

Schlusswort

Das Thema Ernährung hängt, wie du jetzt gelesen hast, mit ganz vielen anderen Bereichen in unserem Leben zusammen. Auch der gesellschaftliche Faktor steckt mit drin. Bestimmt gibt es noch viele weitere Berührungen mit anderen Bereichen, die ich in diesem Buch noch nicht bedacht habe.

Das wichtigste dabei ist meiner Meinung nach, dass ihr euch wohl fühlt mit eurer Art der Ernährung. Wenn du lieber Brei fütterst, weil das für dich einfacher ist oder weil du denkst, dass dein Baby das lieber mag, dann mach das bitte auch weiterhin so! Niemand kennt dein Baby so gut wie du und deine eigene Familie. Es ist auch ok, wenn Papa lieber mal ein Gläschen gibt und Mama Baby led weaning umsetzt. Oder wenn es mal bei den Großeltern etwas anderes zu essen gibt.

Bleib kritisch, allem gegenüber. Hinterfrage alles. Wenn du dann trotzdem dazu stehen kannst, kannst du sicher sein, dass es der richtige Weg für dich ist. Versuche dann, andere trotzdem nicht zu verurteilen, weil sie es anders machen. Du weißt nie, welche Geschichte dahintersteckt.

Dazu möchte ich nochmal - so wie in meinem letzten Buch - einen meiner Lieblingssprüche dalassen:

"Es gehört oft mehr Mut dazu, seine Meinung zu ändern, als ihr treu zu bleiben."
(Christian Friedrich Hebbel, 1813-1863, deutscher Dramatiker und Lyriker)

Daran versuche ich, mich zu halten. Und setz dich für die Kinder ein! Auch für fremde Kinder! Schütze sie! Die Kinder sind unsere Zukunft!

Jetzt bleibt mir nur noch, dir und deinem Baby "Guten Appetit!" zu wünschen. Lasst es euch gut schmecken und tobt euch kreativ aus. Je abwechslungsreicher und vielfältiger euer Speiseplan ist, umso mehr Spaß werdet ihr daran haben.

Und das Auge isst mit - gerade bei den Kindern. Also nimm dir Zeit für Dekorationen so oft du kannst!

Das gilt nicht nur für die Mahlzeiten, die ihr zu Hause einnehmt, auch bei der Jausenbox kannst du mit einigen kleinen Tricks tolle Verzierungen zaubern, die zum Essen von Obst und Gemüse motivieren.

Quellenangabe

Katha (2016): WIE FUNKTIONIERT BABY LED WEANING (BLW)?, in: https://www.babyspeck.at/wie-funktioniert-baby-led-weaning-blw/ am 15.12.2016

Annina Schäflein & Lena Merz: Rezepte, in: https://breifreibaby.de/rezepte/

Weitere Internetquellenangaben

https://de.wikipedia.org/wiki/Pinzettengriff

https://www.apotheken-umschau.de/Botulismus

http://slava.com.de/

https://overnight-oats.de/

http://vegan-und-lecker.de/2010/12/04/vollkornspaghetti-mit-rote-linsen-bolognese/

Haftungsausschluss

Der Inhalt dieses Buchs wurde mit großer Sorgfalt geprüft und erstellt. Für die Vollständigkeit, Richtigkeit und Aktualität der Inhalte kann jedoch keine Garantie oder Gewähr übernommen werden. Der Inhalt dieses Buchs repräsentieren die persönliche Erfahrung und Meinung des Autors und dient nur dem Unterhaltungs-zweck. Der Inhalt sollte nicht mit medizinischer Hilfe verwechselt werden. Es wird keine juristische Verant-wortung oder Haftung für Schäden übernommen, die durch kontraproduktive Ausübung oder durch Fehler des Lesers entstehen. Es kann auch keine Garantie für Erfolg übernommen werden. Der Autor übernimmt daher keine Verantwortung für das Nicht-Erreichen der im Buch beschriebenen Ziele. Dieses Buch enthält Links zu anderen Webseiten. Auf den Inhalt dieser Webseiten haben wir keinen Einfluss. Deshalb kann auf diesen Inhalt auch keine Gewähr übernommen werden. Die verlinkten Seiten wurden zum Zeitpunkt der Verlinkung auf mögliche Rechtsverstöße überprüft. Für die Inhalte der verlinkten Seiten ist aber der jewei-lige Anbieter oder Betreiber der Seiten verantwortlich. Rechtswidrige Inhalte konnten zum Zeitpunkt der Ver-linkung nicht festgestellt werden.

Urheberrecht

Impressum

Druckerei: Amazon Media EU S.á r.l., 5 Rue Plaetis, L-2338, Luxembourg

Sandra Stu wird vertreten durch:

Frank Havera LLC
1621 Central Avenue
USA
WY 82001 Cheyenne

Kontakt:

Telefon: 001 (424) 253-0758
Telefax: 001 (424) 253-0758
E-Mail: mail@frankhavera.com

Registereintrag:

Eintragung im Handelsregister.
Registergericht:Wyoming, USA
Registernummer: Filing ID: 2017-000746788